SON
HEUNG-MIN

손흥민 팬북

SON HEUNG-MIN FAN BOOK
Published in 2020 by Welbeck Publishing Group Limited
20 Mortimer Street
London W1T 3JW
United Kingdom

1판 1쇄 2020년 10월 19일

ISBN 978-89-314-6316-3

발행인 김길수
발행처 (주)영진닷컴
주 소 서울특별시 금천구 가산디지털1로 128 STX-V타워 4층 401호
등 록 2007. 4. 27. 제16-4189호

STAFF
저자 에이드리안 베즐리 | **번역** 김민주 | **감수** 서호정 |
총괄 김태경 | **진행** 김민경 | **편집** 김효정

SON HEUNG-MIN

손흥민 팬북

에이드리안 베즐리 저
김민주 역 서호정 감수

YoungJin.com Y.
영진닷컴

AIA

목차

서론

2015년 토트넘 홋스퍼는 독일 클럽 바이어 04 레버쿠젠에서 23세 공격수 손흥민을 영입한다. 대다수의 토트넘 팬들은 이 한국 선수에 대해 아직 잘 알지 못했기 때문에 우선 지켜보자는 마음이 컸다. 일부는 손흥민의 스킬과 스피드에 관심 있게 지켜봤지만, 나머지 팬들은 과연 그의 실력이 거친 프리미어리그에서 살아남을 수 있을지 의문을 가지고 있었는데…

4년이 흘러 모두가 걱정하던 이 선수는 토트넘의 "홈-그로운" 스타 선수 해리 케인에 버금가는 팬들의 사랑을 받게 된다. 이제는 수많은 팬들이 "SON"(또는 팬들이 애칭으로 부르는 "SONNY")가 새겨진 유니폼을 입고, 새롭게 단장한 토트넘 홋스퍼 구장에 여기저기 걸린 태극기는 더 이상 어색한 풍경이 아니게 되었다.

잉글랜드에서 가장 대단한 클럽 중 하나인 곳에서 슈퍼스타덤에 오르는 길은 가히 롤러코스터와 같았다. 과거 프로 축구 선수였던 아버지에게 축구를 배우던 춘천의 16세 손흥민은 8,000km나 떨어진 독일로 떠나 본격적인 축구 커리어를 시작했다. 하루도 쉬웠던 적이 없었지만, 그는 시간을 거듭하며 증명해 보였고, 역경을 마주할 때마다 항상 더 큰 노력으로 극복해냈다.

그가 고군분투하며 토트넘의 첫 시즌을 보내던 때, 팬들은 이 새로운 선수가 보여준 능력과 태도에 사로잡히게 된다. 그들은 손흥민이 마우리시오 포체티노 감독이 이끄는 젊은 스쿼드에 주전으로 자리 잡고 세계 수준의 선수로 떠오르는 것에 매우 기뻐했다. 손흥민이 활약을 보일 때마다 경기장은 활기와 함께 보는 사람들을 짜릿하게 했고, 그의 골들은 종종 팬들의 말을 잇지 못하게 만들었다. (토트넘에서 뽑는 "이번 시즌의 골"에 두 번이나 선정되었다.)

그는 팀의 프리미어 리그 우승 도전과 챔피언스리그 결승전에 다가가는 등 팀의 좋은 성적에 중요한 역할을 했지만, 경기장에서의 기여 외에도 주목해야 할 것이 있다. 그의 스포츠정신, 훈련 태도, 팀 내에서 뛰어난 사교성과 팬들의 희노애락을 함께 공감해주는 자세는 그가 토트넘 서포터들과 특별한 관계를 쌓는 데 큰 도움을 줬다.

오늘날까지의 손흥민 축구 커리어를 따라가게 될 이 책에선 손흥민이 머나먼 타국에서 조국인 대한민국을 자랑스럽게 대표하고, 토트넘의 역사를 스스로 새롭게 써 나아가며 잉글랜드의 팬들과 특별한 유대감을 갖게 되는 과정을 집중적으로 살펴보려 한다.

좌: 쏘니는 팀이 리그와 챔피언스리그 타이틀에 도전하는데 중요한 역할을 했다.

위: 손흥민은 현재 대한민국 국가대표팀의 주장이자 팀에 영감을 주는 선수이다.

어린 시절

1992년 7월 8일 춘천에서 태어난 손흥민의 어릴 적 꿈은 그에게 유일한 스승의 뒤를 따르는 것이었다.

"축구는 타고난 것 같다. 걸음마를 배우고 나서부터 공을 보면 차기 시작했다고 들었다. 늘 컴퓨터 게임이나 자동차 장난감에는 관심이 없었고 오직 축구였다." 2018년 손흥민은 런던 일간지를 통해 전했다. "나는 축구 선수가 되고 싶다는 생각을 확실히 갖고 있었다." 어린 손흥민은 꿈을 이루기에 아주 이상적인 환경에 있었다. 그의 아버지 손웅정 씨는 손흥민이 태어나기 2년 전 부상으로 일찍이 은퇴를 한 프로 축구 선수였기 때문이다.

손흥민은 아주 어린 시절 가족들과 프랑스와 캐나다, 뉴질랜드 등을 여행하며 보냈다. 한국으로 돌아와 손웅정 씨는 축구에 푹 빠진 아들의 코치를 전담하기 시작했다. 볼 컨트롤, 드리블, 패스와 같은 기본기를 중심으로 훈련했고, 지나친 훈련으로 인한 부상 방지를 위해 연습은 하루 2시간을 넘지 않았다. 이러한 이유로 아들이 서울 동북고등학교(FC서울 유소년 팀)에 합류한 14세 때까지도 격한 훈련은 지양했다. 클럽 성인팀의 볼보이를 하기도 했던 그는 고등학교를 중퇴하고 유소년팀에 본격 입단하지만 당시 대한축구협회의 우수 선수 해외 유학프로그램 스카우터 눈에 금세 띄게 된다.

2008년 10월, 16세의 손흥민은 독일로 떠나게 되었다. 그와 김민혁, 김종필이 프로젝트의 일환으로 함부르크 SV에 단기 유학을 하러 가게 된 것이다. 타국으로 떠난다는 것이 여러모로 쉽지 않은 결정이었지만 독일 분데스리가는 이미 많

은 아시안 선수들의 커리어 시작에 발판이 되어왔고 손흥민 역시 자신의 꿈을 채워가는데 도움이 될 것을 진작 깨닫고 기회를 놓치지 않았다. 손흥민은 함부르크에서 적응하기 위해 노력했다. 그는 팀 동료들에게 자신을 "쏘니"라고 소개하며 훈련장에서 성실했을 뿐 아니라 독일어 수업도 게을리하지 않았다. (스폰지밥 시청이 큰 도움이 되었다!) 물론 쉽지 않은 길이었지만, 같이 온 선수들이 먼저 하나둘씩 돌아갈 때에도 (일부는 현재 K리그 등에서 선수 생활을 하고 있다.) 손흥민은 버텨냈다. 그러나 시즌이 끝날 즈음에도 함부르크는 계약을 제의할 기미를 보이지 않았다. 그는 이후 독일의 보훔과 영국의 포츠머스, 블랙번 로버스에서 훈련을 받았으나 결국 모두 계약이 이루어지지 못했다. 그러나 그는 이 불운한 상황에 연연하지 않았다. 2009년 가을, 나이지리아에서 열린 U-17 월드컵 한국 국가대표 선수로 발탁되며 5경기 3골을 기록했고, 팀의 8강 진출에 큰 공을 세웠다. 이 대회로 인해 함부르크는 그를 다시 생각하게 된다.

"축구는 타고난 것 같다. 걸음마를 배우고 나서부터 공을 보면 차기 시작했다고 들었다. 늘 컴퓨터 게임이나 자동차 장난감 보다는 축구였다."

\- 손흥민

반대쪽: 손흥민이 태어난 춘천

좌상단: 함부르크 SV의 화려한 폴크스파르크슈타디온 구장

우상단: 손흥민의 어릴 적 축구 실력은 아버지 손웅정 씨로부터 만들어졌다.

아래: 함부르크 SV에서 함께 했던 한국인 친구 김민혁(좌)과 김종필(우)

함부르크에 머물다

손흥민은 정식 소속 클럽이 없어 한국으로 돌아갈 위기에 처했고, 그가 그렇게 바라던 유럽 생활도 끝이 나는 듯 보였다. 그러나 함부르크는 고심 끝에 극적으로 그와 유소년팀 계약을 맺기에 이른다.

2009/10 시즌 레기오날리가(독일 4부 리그)에서 함부르크의 2군팀 소속으로 6번밖에 잔디를 밟지 못했지만, 당시 신임 감독 아어민 페는 손흥민의 재능을 분명히 알아보았다. 그는 손흥민을 "내가 봤던 선수 중 가장 유망한 선수"라며 2010/11 프리 시즌에 1군 팀으로 콜업시켰다. 그의 어린 제자는 프리 시즌 동안 프리미어리그 우승팀인 첼시와의 경기를 포함한 많은 친선경기에서 총 8골을 넣기에 이른다. 그러나 손흥민은 첼시전에서 새끼발가락 골절 부상으로 아쉽게 새 시즌 첫 2개월 동안 결장하게 되었다. 그럼에도 페 감독은 손흥민에 대한 믿음으로 10월 말 쾰른과의 1군 경기에 정식 데뷔를 시켰다. 전반 24분 만에 완벽한 타이밍을 잡은 손흥민은 롱패스를 받아 오른발로 공을 띄워 다가오는 골키퍼의 머리를 넘기고 왼발로 멋지게 골을 장식했다. 겨우 18세였던 그는 함부르크의 최연소 득점자로 기록되었다.

11월 하노버 96전에서 2골을 몰아넣은 손흥민이지만 이듬해 1월 아시안컵 참가를 위해 국가대표팀에 합류하게 되며 또다시 주전 경쟁을 겪게 되었다. 같은 포지션엔 손흥민의 자신감을 키워 준 스승 같은 선수 루드 반니스텔로이가 있었기 때문이다.

2011/12 시즌 시작 전 반니스텔로이가 팀을 떠나자 손흥민은 중앙 스트라이커로서 자리를 잡게 되었다. 시작은 좋았으나 시즌 도중 토르스텐 핑크 감독이 부임하고 곧 벤치 신세를 지게 되며 좀처럼 출전 기회를 얻지 못하였다. 시즌 말 팀이 강등권에 내몰리자, 핑크 감독은 마침내 이 10대 소년에게

기회를 주었고, 그는 하노버전과 뉘른베르크전에서 좋은 플레이와 팀에 중요한 골까지 기록하며 감독에게 화답했다.

2012/13 시즌이 되자 핑크 감독은 손흥민을 새로 영입한 아르톰스 루드네브스와 함께 주전으로 활용했다. 이 선수의 뛰어난 공 소유 능력과 발재간은 손흥민과 호흡이 잘 맞았고, 이 투 톱은 함부르크의 시즌을 빛냈다. 손흥민은 해당 시즌에 도르트문트의 31경기 연속 무패 행진을 끝내는 2골과 이후 원정 경기에서 추가 2골을 넣어 팀을 4-1의 승리로 이끄는 등 33경기 출전에서 12골을 기록했다. 손흥민은 팀 내 최다득점자가 됐고, 그가 넣은 골들은 함부르크가 시즌을 7위로 마무리하는데 지대한 영향을 끼쳤다.

손흥민은 성공적인 시즌을 보낸 후 곧장 이적 시장에서 주목을 받게 된다. 리버풀, 토트넘, 맨체스터 유나이티드, 사우스햄튼, 카디프와 같은 프리미어리그 클럽들과 분데스리가에서 라이벌인 도르트문트 등에서 큰 관심을 보였지만 갓 20세가 된 그는 이미 다른 계획들을 가지고 있었다. 1군에서 꾸준히 선발 출전하며 동시에 챔피언스리그에서 뛰어보는 꿈을 가지고 있던 그는 차로 고작 3시간 반이 떨어진 곳을 다음 행선지로 정한다.

반대쪽: 손흥민은 함부르크 팬들에게 금세 인기를 얻게 되었다.

좌상단: 함부르크에서 루드 반니스텔로이는 손흥민의 재능을 일찌감치 알아차리며 소중한 유망주라고 칭찬했다.

우상단: 2012/13 시즌 함부르크 팀 내 공동 최다 득점 선수로 뽑혔다.

아래: 손흥민의 슈팅 능력은 항상 눈에 띄었다.

레버쿠젠에서의 삶

21세 생일을 한 달 앞둔 2013년 6월, 축구 커리어를 한 단계 발전시키기 위해 손흥민은 이적료 1,000만 유로와 함께 바이어 04 레버쿠젠으로 이적한다.

바이어 레버쿠젠은 챔피언스리그 출전 자격을 갖추고 있었을 뿐만 아니라 안드레 쉬를레가 첼시로 이적하자 손흥민이 1군 선발 선수로서 자리를 확보할 수 있는 가능성이 커 보였다. 그렇게 손흥민은 레버쿠젠에 입단하며 한국 축구가 낳은 최고의 선수이자 1988년 레버쿠젠의 UEFA컵 우승에 큰 역할을 한 차범근의 뒤를 잇게 되었다.

기록적인 이적료라는 부담과 팬들의 큰 기대 탓이었는지 손흥민은 새로운 클럽에 적응하는데 시간이 걸렸다. SC프라이브루크전에서 데뷔골을 넣고 이후 도통 골을 넣지 못했던 그는 마침내 11월 친정팀을 상대로 첫 해트트릭을 하며 팀을 5-3의 승리로 이끌었다.

이 시즌 동안 손흥민은 상대를 위협하기 좋은 스피드로 타고난 플레이메이커이자 골잡이라는 평가를 받으며 명성을 높혔다. 2013/14 시즌에는 묀헨글라트바흐전에서 20m 거리에서 멋지게 명중시킨 감아치기, 보루시아 도르트문트를 상대로 넣은 결승골, 베르더 브레멘을 꺾고 팀에게 챔피언스리그 진출권을 선물한 역전 결승 헤딩골 등 12골을 몰아넣었다.

손흥민의 긍정적인 태도와 거침없는 스타일로 레버쿠젠뿐만 아니라 다른 분데스리가의 팬들 사이에서도 인기 있는 선수로 거듭나게 되었다. 대부분의 골은 손흥민이 세컨드 스트라이커일 때 만들어졌지만 2014/15 시즌엔 로거 슈미트 감독이 그를 왼쪽 윙어로 활용하기 시작하면서 볼프스부르크전에서 해트트릭을 하는 등 시즌 11골을 기록하고 팀 내 공동 최다득점자로 오르며 또 한 번의 성공적인 시즌을 보냈다.

레버쿠젠은 챔피언스리그 16강전에서 아틀레티코 마드리드에게 승부차기로 아쉽게 패해 고배를 마셨지만, 손흥민은 8강전까지 5개의 쐐기골을 몰아넣으며 팀에서 주인공 역할을 톡톡히 했다. 유일한 오점이라면 DFB포칼 마그데부르크전에서 상대 선수의 발을 밟아 프로 생활 처음으로 퇴장을 당한 것뿐이었다.

레버쿠젠은 단장 루디 푈러가 리그 우승 도전에 욕심을 보이며 팀을 빌드업하기 시작했다. 손흥민은 율리안 브란트, 카림 벨라라비, 하칸 찰하노을루와 함께 최고의 효과를 내며 이 프로젝트의 중심축 역할을 했다. 2015/16 시즌이 시작되자 이 한국 선수는 분데스리가 1부 리그와 챔피언스리그 예선전에서 줄곧 주전 선수로 나서며 자리를 굳히는 듯했지만, 그의 독일 생활이 갑작스럽게 끝을 맞이하게 된다.

반대쪽: 손흥민이 친정팀 함부르크를 상대로 해트트릭을 하고 기뻐하고 있다.

위: 경기마다 새로운 골을 넣은 손흥민. SC 프라이부르크전에서 골을 넣었다.

우: 쏘니의 플레이 스타일은 보는 이들을 흥분시켰고, 그는 금세 레버쿠젠의 영웅이 되었다.

국제 무대 데뷔

분데스리가에 갓 데뷔한 18세의 손흥민이 조광래 감독이 이끄는 2011 카타르 아시안컵 국가대표 엔트리에 들게 되자 모두 놀라움을 감추지 못했다.

손흥민의 첫 A매치 경기는 2010년 12월 시리아와의 친선 경기였다. 조광래 감독이 아시안컵에서 그를 조커로 활용하며 조별 예선 인도와의 경기에서 골을 넣는 등 좋은 활약을 보여줬지만, 일본과의 준결승전에서 승부차기로 아쉽게 패하며 첫 성인대회 경험은 그렇게 마무리 되었다. 2011년 가을, A매치 경기가 다시 시작되고 손흥민은 부상과 대표팀 차출에 대한 소속팀 함부르크의 소극적인 자세로 출전이 제한적이었지만 꾸준히 엔트리에 올랐다. 2012년 손흥민은 독일에 남아 개인 훈련 집중을 위해 스스로 2012 런던 올림픽 불참의사를 밝혔지만, 2014년 브라질 월드컵 최종예선을 앞두

반대쪽 좌: 2014 월드컵 알제리 상대로 득점

반대쪽 우: 브라질 월드컵에서 벨기에 국가대표선수 마루앙 펠라이니를 제치고 있다.

우상단: 호주전에서 극적인 동점골을 넣은 손흥민

우하단: 득점 후 환호는 오래가지 못했다.

고 다시 국가대표팀에 합류하였다. 2013년 3월, 그는 카타르전에서 경기 종료 직전 극적인 결승골을 넣으며 한국의 월드컵 본선 진출에 중요한 길을 열어주었다.

한국은 큰 희망을 품고 브라질 월드컵으로 향했다. 레버쿠젠에서 성공적인 첫 시즌을 보낸 손흥민은 2012 올림픽에서 동메달의 쾌거를 이뤄낸 젊은 스쿼드에 승선했다. 손흥민은 제 몫을 톡톡히 해내며 알제리전에서 득점도 올렸지만, 팀은 조별 예선에서 승점 1점을 얻는데 그치며 기대에 부응하지 못했다.

레버쿠젠은 같은 해 열린 인천 아시안 게임(개최국인 한국이 금메달을 차지했다.)에 손흥민의 차출을 거부하여 그의 국가대표팀의 기회는 2015 아시안컵까지 미뤄야 했다. 이 대회를 앞두고 감기 몸살 증세로 컨디션 난조에도 불구하고 손흥민은 플레이 속도와 기량 그리고 골에 대한 안목으로 큰 주목을 받았다.

우즈베키스탄을 상대로 한 8강전에서 연장전 끝에 손흥민은 헤딩으로 선제골을 넣고 뒤이어 골대 안으로 정확히 빨려 들어가는 쐐기 골을 넣으며 4강 진출을 확정시켰다. 그는 팀을 위해 모든 것을 쏟아붓고 연장 후반 다리 경련으로 들것에 실려 경기장을 빠져나왔다.

4강전에서 이라크를 꺾고 결승전에서 개최국 호주를 만나게 되었다. 손흥민은 경기 내내 상대를 위협하며 2번의 골 찬스까지 만들어 냈지만, 전반 종료 직전 호주에게 선제골을 허용하고 말았다. 후반전 아쉬운 플레이를 보이던 한국은 손흥민이 인저리 타임에서 상대를 제치고 그림 같은 동점골을 넣으며 경기를 원점으로 돌려놓았다. 그러나 연장전 호주의 역전 골로 한국의 패배가 확정되자 손흥민은 아쉬움의 눈물을 흘렸다. 그런데도 손흥민은 대회 베스트 11 드림팀에 선정돼 실력을 인정받으며 훗날 국가대표팀의 키맨으로 자리 잡게 되는 계기가 되었다.

"손흥민은 상대를 제치고 그림 같은 동점골을 넣었지만, 연장전에서 호주에게 역전골을 허용하며 아쉬움에 눈물을 흘릴 수 밖에 없었다."

AIA

쉽지 않던 토트넘에서의 출발

2015년 8월 28일, 토트넘은 손흥민의 영입에 성공했다. 클럽은 오랜 기간 손흥민을 지켜보며 그가 마우리시오 포체티노 감독이 이끄는 젊은 스쿼드에 이상적인 선수가 될 것을 확신했다.

손흥민은 바이어 레버쿠젠에서 상대의 전방압박에도 빠른 속도로 뚫고 나아가는 속공에 강한 모습을 보여줬다(포체티노 감독의 눈길을 사로잡았던 포인트이다.). 토트넘은 아시아 선수 최고 이적료인 3천만 유로의 값어치를 충분히 해줄 것이라고 믿었고, 토트넘의 팬들은 새로운 영입에 큰 관심을 보였다. 토트넘 서포터들은 선수로서의 기술과 창의적인 플레이뿐만 아니라 열심히 노력하는 선수들에게 좋은 평판을 주는 편이었는데, 그런 면에서 손흥민은 더할 나위 없이 완벽한 선수였다. 토트넘에서 두 번째로 맞은 경기인 유로파리그 카라바흐전에서 연속골을 넣고 해리 케인과 교체되어 나가자 모두 기립박수를 보냈다. 3일 뒤 손흥민은 크리스탈 팰리스전에서 첫 리그 데뷔골을 넣고 MOM(Man of the Match)으로 선정되며 그의 엄청난 속도와 질주가 주목 받기 시작했다.

2015/16 시즌이 진행될수록 토트넘의 성적은 더욱 좋아지기 시작했다. 그러나 손흥민의 플레이에는 기복이 생겼다. 팀과 프리 시즌도 보내지 않은 채 투입된 상태였고 가을엔 발등 부상으로 1개월 결장을 하게 되자, 포체티노 감독은 에릭 라멜라나 나세르 샤들리를 주전으로 기용하고 손흥민은 주로 교체선수로 활용하였다. 12월 왓포드전에서 고메즈 골키퍼를 가볍게 따돌리고 "노룩" 백힐 슛으로 팀의 승리를 이끌었지만 이후 오랜 기간 골 맛을 보지 못했다.

리그에서 레스터시티와 순위 다툼이 이어지는 가운데 승점 확보에 중요한 첼시전에 손흥민이 선발 출전하게 되었다. 옐로카드가 9장이나 나왔을 만큼 거칠고 "스탬포드 브릿지의 전쟁"이라고 불린 경기에서 카드를 받지 않은 단 두 명의 토트넘 선수 중 한 명이었던 손흥민은 득점까지 만들어 냈지만 팀은 경기에서 비기며 우승 경쟁에서 물러설 수 밖에 없었다.

2015/16 시즌 강등 확정팀인 뉴캐슬을 상대로 5:1로 패배한 마지막 경기에서 손흥민은 선발 출전 후 후반전에 교체되었다. 클럽은 50년 만에 리그 우승을 눈앞에서 놓쳐 혼란스러운 와중에 기록적인 몸값의 선수의 기대치보다 못한 경기력에 실망감을 내보였다. 사람들은 이 선수가 과연 다음 시즌에도 화이트 하트 레인(White Hart Lane, 당시 토트넘 홈구장)에 남을 수 있을지 의문을 가지기 시작했다.

반대쪽: 손흥민의 맹렬한 속도는 포체티노가 그를 영입하게 되는데 중요한 요인으로 꼽혔다.

위: 토트넘의 상징인 코크럴(Cockerel) 옆에서 입단 후 포즈를 취하고 있다.

쏘니의 영웅들

어릴 때나 신인 시절, 각자 동경하는 축구 선수들을 바라보며
플레이 방식을 닮아가고 결국 그런 선수처럼 되어가기 마련이다.
손흥민 역시 자신만의 축구 영웅을 마음에 새기고 있었다.

“나는 박지성 선수와 비교 대상이 될 수 없다. 그는 전설이자 나의 우상이다. 아시안으로서 프리미어리그에서 뛰는 일은 지금도 그렇고 쉽지 않은 일이다. 박지성 선수는 그걸 가장 먼저 해냈고 훨씬 어려운 조건에서 해낸 선수다.”

- 손흥민이 말하는 박지성

해리 케인 HARRY KANE

쏘니가 토트넘에 왔을 때 케인은 그의 동기부여가 되었다. 단순히 케인이 한 시즌에 31골을 넣었기 때문이 아니라 선수로서 꾸준히 발전하는 모습을 보였기 때문이다. 손흥민은 그보다 한 살 어린 케인에게 태도와 프로의식을 많이 배웠다고 언급하며 “케인은 훈련 때 보면 어느 방향에서도 골을 넣어서 대단하다고 생각했다. 나도 언젠가 저렇게 되고 싶다.”라고 말한 적이 있다. 그 후 쏘니와 케인 모두 발전해 나가 각자의 국가대표팀에서 주장까지 맡게 되었다. 그런데도 손흥민은 여전히 케인을 “세계에서 가장 최고의 선수”라고 일컬으며 칭찬을 보냈다.

박지성

2018년 영국 일간지 데일리 메일과의 인터뷰에서 손흥민은 “나는 박지성과 비교 대상이 될 수 없다.”라고 전했다. 그는 “박지성은 전설이자 나의 우상이다. 아시안으로서 프리미어리그에서 뛰는 일은 지금도 그렇고 쉽지 않은 일이다. 박지성 선수는 그걸 가장 먼저 해냈고 훨씬 어려운 조건에서 해낸 선수다.” 박지성은 7년 동안 맨체스터 유나이티드 소속으로 뛰면서 4번의 프리미어리그 우승을 함께했고 국가대표 경기 100회 출전, 월드컵 3회 출전 등 클럽과 국가에 큰 업적을 남겼다. 비록 박지성이 손흥민보다 화려한 재능이나 스킬이 조금 부족할지 몰라도 그들은 공통적으로 엄청난 에너지와 근면함을 가지고 있다. 더할 나위 없이 친한 둘이지만 손흥민은 여전히 박지성은 롤모델로 꼽고 있다.

토트넘에서의 정착기

한 시즌 동안 많은 변화가 생겼다. 손흥민은 2016/17 시즌 시작 전에 팀을 떠나고 싶어했지만 설득 끝에 남기로 결정한다. 그리고 그는 곧 팀에서 중요한 선수가 된다.

2016 리우 올림픽에서 손흥민은 한국이 조별 예선을 통과하는데 큰 도움을 주었지만 8강전에서 온두라스를 상대로 1-0으로 패하고 말았다. 게다가 토트넘에서 주전 경쟁에 밀리며 좋지 않은 시즌을 보냈던 그는 독일로 돌아가기로 마음먹었다. 그러나 아무도 그가 떠나기를 원하지 않았다. 그는 동료들에게 인기가 있었고 팬들도 이제 그를 너무 잘 알고 있을 뿐만 아니라 무엇보다 포체티노 감독이 그를 인간으로서 선수로서 높이 샀기 때문이다. 이 젊은 포워드를 향한 포체티노의 믿음과 확신은 결국 손흥민을 잔류시키는데 성공했다.

손흥민은 승승장구하기 시작했다. 올림픽 이후 팀에 복귀하자마자 스토크 시티를 상대로 두 골을 몰아넣고 세 번째 골에 도움을 주며 팀의 4:0 대승을 이끌었다. 이후 미들즈브러를 상대로 이어진 홈 경기에서 또다시 두 골을 기록했다. 손흥민에 대한 포체티노 감독의 믿음이 검증되며 "손흥민은 다른 차원의 선수이다. 그는 완성된 모습을 보여주고 있고 리그에 대해 이미 간파하며 자리를 잘 잡고 있다."라고 칭찬했다.

손흥민은 토트넘이 리그 2위를 하며 1963년 이후 가장 좋은 성적을 거둔 시즌에서 23경기 출장, 14골을 넣고 8개의 어시스트를 기록했다. 그는 주로 왼쪽 윙에서 알리와 에릭센, 케인과 함께 공격 흐름의 중요한 축으로 활용되었으나 케인이 부상으로 자리를 비우자 능숙하게 전방 공격까지 맡는 모습도 보여줬다. 또한, 팀 내에서 눈에 띄는 플레이를 보여주며 그해 9월과 4월 두 차례 프리미어리그 "이달의 선수상"을 받았다.

손흥민은 그 시즌 FA컵 4경기에 나서며 밀월전에서 해트트릭을 포함 3경기에서 골을 넣는 등 첼시와의 준결승전까지 좋은 퍼포먼스를 보여줬다. 토트넘은 첼시전에서 패배해 FA컵 탈락을 하게 되고 이때 포체티노는 손흥민을 윙백으로 기용한 것이 전술적으로 실패했다는 지적을 받았다. 그러나 손흥민과 팀은 이내 리그에서 단 한 번의 패배만 허용할 만큼 반등했으며, 손흥민은 알리와 케인과 함께 시즌 20골을 기록해 클럽 사상 최초로 한팀에 3명의 선수가 모두 다득점을 한 기록을 세웠다.

다른 프리미어리그의 팀이나 유럽 팀들은 토트넘의 날카롭고 열정적인 이 공격수를 주목하기 시작했다. 언론에선 그를 시즌 중 가장 발전한 선수로 꼽았고, 손흥민의 잔류가 결정되자 토트넘 팬들은 그제야 안도의 한숨을 내쉬었다.

반대쪽: 손흥민의 빛나는 미소와 동료애는 팬들의 마음을 사로잡았다.

위: 2016/17 시즌 손흥민은 그야말로 막을 수 없는 존재였다.

최고의 골 모음 1

손흥민의 전매 특허인 속도와 정확도 그리고 공격지향적 플레이와 더불어 그의 노력은 결국 독일 리그와 국가대표팀에서 엄청난 골들을 만들어냈고 그중 그의 토트넘 데뷔골은 팬들의 엄청난 환호를 이끌어냈다.

함부르크 vs. 도르트문트

2013년 2월 9일, 분데스리가

손흥민은 시즌 초반에 이미 도르트문트를 상대로 2골을 넣은 적이 있지만 이 경기에서 추가 2골을 기록 후 "MOM"에 뽑히며 언론 헤드라인을 장식했다. 오른쪽 윙에서 달려 내려와 독일의 브라질 월드컵 우승 멤버인 마츠 훔멜스를 가볍게 제치고 페널티 구역 코너에서 감아차기를 날렸고, 골키퍼가 멀뚱히 설 수밖에 없었던 첫 번째 골이 특히나 인상적이었다.

바이어 레버쿠젠 vs. 제니트 상트페테부르크

2014년 11월 4일, 챔피언스리그

레버쿠젠에서 맞이하는 두 번째 시즌에 손흥민은 그림 같은 프리킥을 보여주며 팀의 핵심 선수로 꼽히게 된다. 골대로부터 40m 떨어진 곳에 프리킥 찬스가 주어졌고 제니트는 수비벽을 깊게 세웠다. 그러나 키커는 왼쪽에 서 있던 손흥민에게 공을 패스했고 25m나 떨어져 있었음에도 인사이드 킥으로 침착하고 정교하게 찬 공은 오른쪽 골망을 흔들었다.

대한민국 vs. 호주

2015년 1월 31일, 아시안컵

손흥민이 국가대표팀에서 넣은 골 중 가장 멋있는 골은 아니지만 가장 중요한 골 중 하나라고 꼽을 수 있다. 당시 감기몸살로 인해 힘든 경기를 치르던 중에도 끊임없이 그라운드를 누비며 온 힘을 다해 팀을 구하는 모습을 보여줬다. 정규시간 2분이 채 남지 않은 시점, 한국은 마지막 공격을 노리고 있었다. 하프라인부터 날아온 롱 볼이 기성용을 거쳐 손흥민이 이어받아 잽싸게 골을 만들어 냈다. 호주 수비수와 골키퍼의 슬라이딩이 그의 발끝을 가로 막았지만 침착하게 골문 뒤쪽을 노리며 극적인 동점골을 만들어 냈다.

토트넘 vs. 크리스탈 팰리스

2015년 9월 20일, 프리미어리그

쏘니의 짜릿한 데뷔전을 장식한 이 골은 토트넘의 팬들에게도 앞으로 다가올 손흥민의 예고편을 보여주는 골이 되었다. 그의 질주와 화려한 스킬, 경기장을 쉬지않고 뛰어다니는 그의 모습은 화이트 하트 레인의 관중들을 매료시켰다. 그가 공을 잡을 때마다 경기장은 들썩였다. 하프라인을 넘어 크리스티안 에릭센의 패스를 받아 크리스탈 팰리스 진영으로 전속력으로 달려 수비를 살짝 제치고 팬들 앞에서 시원하게 넣은 니어포스트 슛은 그의 꿈이 시작되었음을 알렸다.

훈련장에서

어릴 적 손흥민이 아버지에게 축구 선수가 되고 싶다고 하자 과거 프로 축구 선수였던 아버지는 그에 뒤따라오는 힘든 훈련을 견딜 수 있냐고 물었다. 그리고 손흥민은 그에 대한 대답을 훈련마다 행동으로 보여주고 있다.

손흥민의 어린 시절 아버지와의 혹독한 훈련 일화는 가히 전설적이다. 손흥민의 아버지는 그를 엄격하게 가르쳤으며 항상 기본기에 충실하도록 했다. 오랜 기간 손흥민은 기본적인 볼 컨트롤과 패스, 슈팅에만 집중적으로 매진하여 훈련했는데 이는 훗날 그의 기술과 기량을 기르는데 도움을 줬을 뿐만 아니라 근본적인 근면함을 잃지 않는데 기반이 되었다.

손흥민은 함부르크에서 성실한 선수로 평판이 나 있었다. 토르스텐 핑크 감독은 "손흥민은 군인 같다. 늘 성실하게 노력하고 정식 훈련 시간이 끝나도 혼자서 추가 훈련 시간을 가진다."라고 회상했다. 당시 손흥민의 아버지는 종종 인근 모텔에 머물며 터프한 유러피안 축구 스타일에 맞춰 아들의 웨이트 트레이닝을 도맡고, 하루 3천 개 이상의 슈팅 연습을 시키곤 했다. 로거 슈미트 감독이 손흥민의 훈련 시간 이외 개인 훈련 모습을 떠올릴 정도로 아버지의 헌신은 레버쿠젠에서도 계속 되었다.

이러한 근면함과 성실함은 포체티노 감독이 손흥민을 토트넘으로 데려오는데 있어 아주 중요한 요소였다. 아르헨티나 출신인 포체티노 감독은 트레이닝 세션에 기본 반복 훈련을 유독 많이 시키기로 유명했는데, 선수들이 실제 경기장에서 즐기기 위해서는 힘든 훈련을 꼭 거쳐야 한다는 신념을 가지고 있었다. 물론 늘 훈련에 대한 열정과 열의를 가지고 있는 쏘니에겐 전혀 문제 되지 않았다. 그는 "나는 훈련이든 먹는 것이든 어느 것에서든 앞으로 나아가려한다. 매일 최선을 다해서 연습하고 노력하고 있으며, 나는 내가 뭐가 됐든 하나씩 앞으로 발전시킬 수 있는 무언가를 갖고 있다는 것 자체가 행운이라고 생각한다."고 덧붙였다.

손흥민의 맹렬한 속도, 그의 화려한 발재간과 기술, 정확한 양발 슈팅은 모두 훈련의 결과물이라고 볼 수 있다. 심지어 축구 게임으로 유명한 FIFA14에선 그를 왼발잡이로 구분해 둘 만큼(추후 오른발잡이로 변경되었다.) 양발을 균형 있게 잘 쓸 수 있는 선수 중 하나로 꼽히기도 했다.

손흥민은 또한 폐활량 증진을 위해 상당한 노력을 들이기도 했다. 이 공격수는 끊임없이 움직이고 경기장을 질주하며 상대 수비에 적극적으로 맞서는 플레이를 보여주는데, 사실 이러한 움직임은 에너지가 뒷받침을 해줘야 가능하다는 것이다. 2019년 12월 번리전에서 볼 수 있듯이, 수비 가담 직후 바로 경기장 반대쪽까지 같은 페이스로 질주하며 깔끔하고 정확하게 넣은 원더골이 탄생할 수 있었던 이유이다. 이러한 플레이는 모두 수년에 걸친 연습의 결과가 빛을 발한 것이다.

반대쪽: 북런던 엔필드에 위치한 토트넘의 새 훈련장에서 손흥민은 공을 갖고 있을 때도 그렇지 않을 때도 항상 최선을 다한다.

"손흥민은 군인처럼 늘 성실하게 노력하는 선수" 토르스텐 핑크

최고의 골 모음 2

토트넘 팬들은 손흥민의 시원한 골과 세레머니를 쏘니만큼 즐긴다. 그는 클럽과 국가를 위해 중요한 골들을 수없이 넣어왔는데 대부분의 골이 다양한 각도에서 만들어졌다는 것이 눈길을 끈다!

토트넘 홋스퍼 vs. 레스터시티

2016년 1월 20일, FA컵

10일 사이에 세 번째 만남을 가진 잉글랜드 최고의 두 팀의 경기에서 엄청난 선제골이 터졌다. 빠른 역습 상황에서 짧은 3번의 패스는 골문에서 30m 남짓 떨어진 오른쪽 윙에 자리잡고 있던 손흥민의 발끝에 전달되었다. 손흥민은 전방으로 가는 듯하면서 오른쪽으로 트는 페이크 기술로 풀백을 따돌렸다. 슛을 하기 어려운 구도였지만 골대 오른쪽 상단의 작은 틈을 노려 결국 골을 만들어내며 상대 골키퍼 슈마이켈을 포함해 모두를 놀라게 했다.

토트넘 홋스퍼 vs. 미들즈브로

2016년 9월, 프리미어리그

토트넘의 골 제조기 해리 케인이 부상을 당하자 토트넘은 손흥민에게 최전방을 이끌도록 지시했다. 그리고 그는 단순히 해리 케인의 대역을 넘어서 대단한 플레이를 보여줬다. 이미 일찌감치 득점을 만들어 냈지만 거기서 끝나지 않았다. 미들즈브로 골라인에 막다른 것처럼 보였으나 그는 요리조리 빠져나가 다시 위로 올라갔다. 그렇게 페널티 박스 끝에서 필드를 가로지르는 엄청난 터닝슛을 날리며 골키퍼를 멍하게 만들었다.

토트넘 홋스퍼 vs. 스완지

2016년 12월, 프리미어리그

2016/17 시즌 손흥민은 거의 모든 각도에서 골을 만들어 냈다. 어떤 골들은 먼 거리에서 멋있게 감아 찬 슛이었고 어떤 골들은 공격 빌드업부터 차근차근 영리한 패스를 주고받으며 깔끔하게 넣은 골이었다. 그러나 이번 골은 뭔가 달랐다. 크리스티안 에릭센이 찬 공이 상대 수비에 맞고 손흥민이 있던 방향으로 굴절되어 나오며 허리 높이만큼 떠 올랐다. 손흥민은 망설임 없이 뛰어올라 환상적인 시저스킥을 날렸고 공은 그대로 골망을 흔들었다.

대한민국 vs. 콜롬비아

2017년 11월 10일, 국제친선경기

2018 러시아 월드컵을 앞두고 신태용 감독이 이끄는 대한민국 국가대표팀에 승선한 손흥민은 친선경기에서 두 골을 기록하며 팀에 첫 승을 선사했다. 그 중 특히 첫 번째 골은 정상급 플레이에서나 볼 수 있는 좁은 공간에서의 볼 컨트롤 능력과 순발력으로 만들어졌다. 손흥민은 상대편 진영으로 달려가면서 패스를 받아 페널티 에어리어 안에서 시계 방향으로 반 바퀴 돌며 수비수를 제쳤다. 3명의 수비수와 골키퍼를 마주한 상황에서 그는 센터백 자파타의 다리 사이로 깔끔하게 공을 통과시키고 공은 그대로 골문으로 빨려 들어갔다. 토트넘 훈련 때 알리로부터 "넛메그(상대 다리 사이로 공을 빼는 기술)"를 배웠던 걸까?

쏘니의 친구들

쏘니의 긍정적인 마인드와 겸손함, 그리고 타고난 운동 실력 덕분에 축구계뿐만 아니라 그 이외에서도 다양한 친구를 두었는데 그중에서 그와 가장 많은 시간을 함께 보내는 팀 동료들과 유독 돈독하고 특별한 유대감을 갖고 있다.

케빈 비머 KEVIN WIMMER

2015년 여름, 오스트리아 출신의 센터백이 FC 쾰른에서 이적료 5백만 유로와 함께 토트넘으로 영입된다. 그는 손흥민과 동갑인데다가 손흥민의 유창한 독일어 실력으로 서로가 토트넘에 적응하는데 힘이 되었다. 2016년 런던에서 열린 아시안어워즈에 케빈과 쏘니가 함께 참석할 정도로 그 둘은 떼려야 뗄 수 없는 사이가 되었고, 팬들은 그 둘의 사이를 "브로맨스"라고 칭하며 좋아하곤 했다. 그러나 비머는 괜찮은 수비수였음에도 불구하고 토트넘에서 꾸준한 선발 포지션을 잡지 못하며 2017년 스토크 시티로 떠나게 되지만, 이후에도 이 둘은 여전히 친분을 보여주고 있다.

델레 알리 DELE ALLI

알리는 손흥민이 입단하기 몇 주 전 밀턴킨스 던스에서 토트넘으로 이적하며 먼저 데뷔전을 치렀다. 쏘니보다 4살이나 어리지만 둘은 곧 절친이 되었다. 그들이 서로 농담하고 장난치는 모습이 여러 영상을 통해 퍼지며 온라인에서 인기를 얻었는데, 특히나 2017년 골 세리머니로 핸드셰이크를 선보이는 장면은 팬들을 더할 나위 없이 즐겁게 했다. 손흥민은 델레 알리와 서로 장난치며 즐겁게 지내지만, 경기장 밖에선 진지한 대화도 많이 나누는 정말 가까운 친구라고 밝혔다.

좌: 토트넘에서 쏘니와 가장 친하게 지내던 케빈 비머가 2017년 토트넘을 떠나자 손흥민은 크게 아쉬워했다.

무사 시소코 MOUSSA SISSOKO

손흥민과 비슷하게 거액의 이적료로 토트넘에 오게 된 무사 시소코는 사실 토트넘에서 키 플레이어로서 자리 잡기까지 시간이 걸렸다. 손흥민과 시소코가 훈련 시간에 즐겁게 웃는 모습을 자주 볼 수 있었는데 시소코는 개인 인스타그램에 "늘 우리 흥민이랑(Always with my Son)"이라는 문구와 함께 손흥민과의 사진을 올리기도 했다. 2019년 12월 본머스와의 경기에서 간만에 터진 시소코의 골에 어시스트를 한 손흥민은 경기 후 인터뷰에서 본인의 "절친"이 득점 후 자신에게 곧장 달려오지 않아서 서운했다고 농담을 했다. 그러나 이후 시소코는 토트넘 팬들에게 "야쿠"는 최고의 선수였다고 감사함을 표했다. "야쿠"는 쏘니가 그의 사촌과 닮아 직접 붙여준 별명이라고 덧붙였다.

황희찬

손흥민은 국가대표 동료 중 잘츠부르크 소속(현 라이프치히 소속) 포워드 황희찬과 가깝게 지낸다. 국가대표 소집으로 합숙할 때면 3살 어린 황희찬과 방을 함께 쓰는데 황희찬은 손흥민이 해주는 조언을 꼼꼼히 귀담아듣는다고 한다. 황희찬은 2019/20 시즌 챔피언스리그 조별 예선에서 특히나 좋은 활약을 보여주며 3골과 3개 어시스트를 기록해 유럽의 빅클럽들에 자신의 재능을 보여주기도 했다. 토트넘이 그에게 관심이 있다는 루머가 돌자 많은 토트넘 팬들은 손흥민의 후배이자 친구인 황희찬과 그가 팀에서 재회를 할 수 있지 않겠냐며 기대하는 모습을 보였다.

좌상단: 무사 시소코는 "야쿠"라고 부르는 쏘니와 늘 즐거운 시간을 보낸다.

우상단: 웨일즈 출신 벤 데이비스는 손흥민이 토트넘에서 친하게 지내는 동료 중 하나다.

아래: 델레 알리와 쏘니는 세리머니마다 핸드셰이크를 보여준다.

AIA

AIA
CHEVROLET

웸블리에서의 여정

토트넘 홋스퍼가 홈구장인 화이트 하트 레인을 허물게 되며 2017/18 시즌 동안 웸블리 스타디움에 머물렀는데 이때 한국 팬들의 숫자가 비약적으로 늘어났다.

9만 명을 수용할 수 있는 영국의 국립 경기장으로의 임시 이전은 기존보다 많은 팬이 경기를 볼 수 있다는 의미였는데, 특히 홈경기마다 경기장 곳곳에서 태극기를 볼 수 있을 정도로 한국 팬들 또한 급증했다. 손흥민은 중계방송에서 종종 알리와 케인에 가려질 때가 있었지만, 한국인 원정단의 태극기가 줄곧 중계 카메라에 잡히며 자연스럽게 손흥민에게 관심이 옮겨지게 되었고 그의 경기력이 더욱 집중 받을 수 있는 계기가 되었다.

손흥민이 도르트문트전에서 파워풀한 질주 후 좁은 각도에서도 골을 넣으며 3-1로 팀의 승리를 이끌 때까지 토트넘은 개막 후 2개월 가까이 리그 홈 경기에서 승리하지 못했다. 그러나 이를 기점으로 토트넘은 웸블리의 스타가 된 쏘니와 함께 본격적으로 승점을 챙기기 시작했다. 11월 크리스탈 팰리스전에서 손흥민은 페널티 에어리어 바깥에서 멋진 감아치기를 선보이며 승리하였다. (토트넘의 올해의 골에 선정될 수 있었을 만큼 멋있는 골이었다.) 그의 프리미어리그 통산 20번째 골이며 이 골로 그의 영웅이자 전 맨체스터 유나이티드 스타 박지성의 기록을 뛰어넘게 되었다.

2018년 1월, 웨스트햄전에 나선 손흥민은 40m 거리에서 골키퍼 에이드리안의 손을 넘어가는 중거리 슛을 터트렸다. 이 골은 한국 팬들에게 특히나 반가운 소식이었고 1주일 후 그는 에버튼전에서 또 골을 기록했다. 손흥민은 리그 홈경기 5연속 골을 터트리며 펄펄 날았다. 포체티노 감독은 "손흥민의 믿음과 자신감은 정말 대단하다."라고 칭찬했을 뿐 아니라, 전문가들도 그가 턴 동작으로 에버튼 수비수를 따돌리고 골문 앞에서 스텝오버로 또 1명의 수비수를 제치며 해리 케인의 득점을 도운 장면은 크리스티아노 호날두의 전성기에 버금간다며 찬사를 남겼다.

1개월 후 손흥민은 FA컵 16강전 로치데일과의 경기에서 3골을 몰아 넣었으나, 새로운 VAR 시스템에 의해 그의 PK 득점이 취소되는 판정으로 아쉽게 해트트릭 기록을 놓쳤다. 심지어 PK를 차는 과정에서 도중 멈췄다는 이유로 옐로카드 경고를 받기도 했다. 토트넘은 승리 후 4강까지 진출했지만, 맨체스터 유나이티드와의 4강전에서 아쉽게 패하며 FA컵 우승을 놓치고 말았다.

토트넘은 시즌 초반의 부진에도 불구하고 후반기인 2018년엔 리그 경기에서 단 2경기만 패하며 챔피언스리그 출전권 획득과 함께 리그 3위로 시즌을 마무리했다. 손흥민의 리그 18골 기록은 그에게 시즌 가장 큰 성과였지만 그의 11개 어시스트 또한 팀 내 얼마나 가치 있는 선수인지를 보여주었다. 이후 손흥민의 발끝에 온 관심이 쏠렸고, 한국인들은 이 시즌의 엄청났던 퍼포먼스를 러시아 월드컵에서도 보여주길 기대했다.

반대쪽 위: 토트넘 팬들은 손흥민이 토트넘을 향해 보여주는 열정을 좋아한다.

반대쪽 아래: 2018 FA컵에서 손흥민은 좋은 모습을 보여줬지만 토트넘은 4강전에서 맨체스터 유나이티드를 만나 아쉽게 패하고 만다.

위: 시즌 초 적응기간이 끝나고 웸블리는 토트넘과 손흥민의 요새가 되었다.

클럽대항전에서의 손흥민

쏘니에게 있어 유럽에서의 선수 생활은 단순히 분데스리가나 프리미어리그에서 뛰는 것이 아닌, 세계에서 내놓으라하는 선수들과 함께 뛰며 자신을 스스로 검증해보고 챔피언스리그에서 제대로 된 최고의 유럽 축구를 경험하는 것의 의미를 가졌다.

손흥민은 2013년 챔피언스리그 출전의 꿈을 위해 레버쿠젠으로 이적했는데, 그의 생애 첫 챔피언스리그 경기가 어릴 적 가장 좋아했던 팀인 맨체스터 유나이티드와 올드 트래포드에서 경기를 치를 줄은 꿈에도 생각 못 했을 것이다. 맨유전 패배에도 레버쿠젠은 16강에 진출했지만, 16강에서 만난 PSG에 대패를 당했다. 그러나 다음 시즌은 분명 달랐다. 손흥민은 코펜하겐과의 플레이오프 1, 2차전 홈, 어웨이에서 연속골을 넣으며 팀의 본선 진출에 기여했다. 조별 예선 2차전 벤피카전에선 1골과 함께 대단한 경기력을 보여줬고, 제니트와의 경기에선 멀티골을 작렬하며 팀의 승리를 이끌었다. 16강전에서 아틀레티코 마드리드와 1차전 1-0으로 승리하며 기회를 얻은 레버쿠젠은 2차전에서 손흥민이 슈팅을 시도하는 등 좋은 모습을 보였지만 결국 승부차기 끝에 8강 진출에 실패하고 말았다.

토트넘에서 손흥민은 포체티노의 젊은 스쿼드에 포함되며 유로파 리그 경기에 뛰게 되었다. 카라바흐와 경기에서 2골

“독일에서 손흥민 별명이 양봉업자인 이유는 검정과 노란색 유니폼을 입는 도르트문트를 상대로 매번 골을 넣었기 때문이다. 그리고 토트넘에 양봉업자가 등장한다!”

을 넣은 손흥민은 16강전까지 거의 모든 게임에 출전했다. 16강에서 보루시아 도르트문트를 만난 손흥민은 2차전에서 1골을 기록했음에도 또다시 패배를 맛보고 말았다.

2016/17 시즌 챔피언스리그로 돌아왔다는 기쁨은 시즌 초반 토트넘의 부진으로 금세 꺾이고 말았다. 홈에서 2번의 패배로 일찌감치 조별 예선 탈락을 확정 지었으나, 다음 시즌에선 이를 통해 배운 교훈이 있음을 분명히 보여주었다.

독일에서 손흥민 별명이 양봉업자인 이유는 유니폼 색 때문에 꿀벌로 불리는 도르트문트를 상대로 매번 골을 넣었기 때문이다. 그리고 토트넘에 양봉업자가 등장한다. 토트넘과 도르트문트의 1차전 홈경기에서 손흥민의 거침없는 질주와 니어포스트에서 정확히 찬 선제골로 팀을 이끌었고, 2차전에서 그는 또다시 혼잡한 상황에서 영리하게 골을 넣으며 승점 3점을 챙겨갔다. 조별 예선 마지막 경기에서 그는 아보엘 니코사아를 상대로 페널티 구역 끝에서 멋진 감아치기를 보여주며 그해 챔피언스리그 세 번째 골을 만들어 냈다.

16강 조 추첨 결과 토트넘은 쉽지 않은 조에 속하게 되었고, 유벤투스와의 16강 1차전에서 힘겹게 무승부로 경기를 마쳤다. 1차전 원정 경기에서 2–2 무승부 이후 뒤늦게 교체 투입 되었던 손흥민은 2차전 홈경기에선 선발 라인업에 포함되었다. 토트넘의 플레이는 대단했고 쏘니 역시 직접적인 공격과 슛, 헤딩으로 상대팀을 공격했지만, 유벤투스가 3분 동안 2골을 터트리면서 토트넘은 어찌할 방도가 없었다. 팀은 다시 집중하였지만 쏘니의 마지막 슈팅까지 간발의 차이로 골대를 벗어나는 등 운이 따르지 않았다. 손흥민에겐 16강 탈락이 징크스였던 걸까?

반대쪽: 쏘니가 또다시 보루시아 도르트문트를 상대하고 있다.

위: 손흥민은 챔피언스리그에서 유벤투스를 상대로 선제골을 넣었지만 이내 유벤투스는 연속 만회골로 그와 토트넘을 충격에 빠트렸다.

멘토와 감독들

손흥민은 코치들의 희망이다. 그는 운 좋게 대단한 지도자들 밑에서 선수 생활을 할 수 있었는데, 항상 코치들의 말에 경청하고 경기력 향상을 위해 그들의 지식과 정보를 활용할 줄 알았다.

손웅정

손흥민의 아버지는 손흥민이 처음 공을 찬 순간부터 축구를 가르쳤고 지금까지도 아들에게 꾸준히 조언한다. 아들에게 계속 영향을 주고, 아직도 매 경기 모니터링하며 손흥민과 마주 앉아 경기력을 분석하는 시간을 가진다. 손흥민은 아버지의 중요성에 대해 누구보다 잘 알고 있었다. 그는 가디언 일간지를 통해 "아버지는 나를 위해 모든 걸 하셨다."라며 "그가 없었으면 오늘날의 나도 없었을 것"이라고 말했다.

로거 슈미트 ROGER SCHMIDT

아에민 페와 토르스텐 핑크 감독은 함부르크의 손흥민에게 변화를 주었지만 사실 그의 잠재력을 분출시킨 사람은 두 번째 레버쿠젠 감독 로거 슈미트였다. 슈미트 감독은 쏘니 뿐만 아니라 사디오 마네나 율리안 브란트와 같이 특출난 젊은 인재를 양성한다는 좋은 평판을 가지고 있었다. 슈미트는 손흥민을 다시 레프트윙 포지션으로 고정하며 강한 압박과 빠른 공격 플레이를 배울 수 있는 기회를 마련했고 이는 손흥민의 에너지와 스킬을 길러내는데 최고의 도움이 되었다.

마우리시오 포체티노 MAURICIO POCHETTINO

토트넘은 손흥민의 영입과 잔류까지 설득한 포체티노에게 고마워해야 할 것이다. 힘든 첫 시즌 후 손흥민을 잔류하도록 설득한 것도 "gaffer(감독 뜻을 가진 은어)"였다. 그는 프리미어리그에 적응하는 것이 얼마나 힘든지 잘 이해해주며, 쏘니의 결단력과 스킬, 근면함으로 성공할 수 있을 것을 미리 알고 있었다. 그는 손흥민의 발전 가능성이 더 있다고 생각하고 기회가 될 때마다 전방 공격에 힘을 주도록 독려했다. 데일리 메일 일간지를 통해 손흥민은 "처음 토트넘에 왔을 때와 지금의 나의 모습은 많이 다르다. 경기 중 움직임이나 오프 더 볼이 많이 바뀌고 발전하게 된 것도 감독님 덕분"이라고 밝혔다.

"난 저 선수에 푹 빠져있다."

- 조제 무리뉴

조제 무리뉴 JOSÉ MOURINHO

토트넘의 감독이 포체티노에서 조제 무리뉴로 바뀐 건 손흥민에게 적잖은 충격이었지만, 명성 있는 감독의 취임을 반갑게 맞았다. 부상과 코로나바이러스 확산으로 시즌이 중단되기 전까지 무리뉴의 토트넘에서 손흥민은 뛰어나고 두드러지는 선수였다. 무리뉴의 조금 더 직접적인 플레이 스타일에 금세 적응하였고, 팔 골절 부상 직전까지 17경기에서 4경기 연속 골을 포함하여 8골을 몰아넣었다. 이런 점에서 쏘니는 무리뉴의 마음을 사로잡았다. 무리뉴 감독은 "난 저 선수에게 푹 빠져있다."라고 털어놨다. 손흥민과 함께한 지 꼭 1개월이 채 되지 않은 시점이었지만 말이다!

반대쪽 좌상단부터: 함부르크 아에민 페 감독은 손흥민에게 프로 데뷔전 기회를 선사했다. 조광래 감독은 그를 국가대표에 처음 선발한 감독이다. 토트넘에서 손흥민의 두 번째 감독인 조제 무리뉴. 쏘니가 "gaffer"라고 부르는 마우리시오 포체티노 감독. 손흥민의 바이어 레버쿠젠 감독이었던 로거 슈미트.

SON
7

7

좋았어 쏘니!

토트넘 팬들이 날카로운 볼터치를 가진 이 착한 청년을 마음에 두기까지는 오래 걸리지 않았다. 이젠 그를 "슈퍼 쏘니"라고 부르며 그를 위한 특별한 응원가가 토트넘 홋스퍼 구장을 가득 메운다.

손흥민이 2015년 토트넘에 입단했을 때 그를 아는 토트넘 팬들은 거의 없었다. 빠르고 직설적인 플레이를 한다고는 알고 있었지만, 폴 개스코인, 게리 리네커, 위르겐 클린스만이나 가레스 베일로 행복했었던 서포터들을 매료시키기엔 특별한 무언가가 필요했다. 선수들에게 근면함, 스킬, 유머러스함과 물론 득점 능력까지 기대하기로 유명한 토트넘 팬들은 당시엔 전혀 몰랐겠지만, 클럽은 그들의 이상에 맞는 선수와 막 사인을 마친 상태였다.

손흥민은 영국식 축구에 적응하느라 애를 먹었던 첫 시즌에도 그는 토트넘의 관중들을 이미 사로잡고 있었다. 그는 팀을 위해 헌신했고, 꾸준함과 실력을 보여주며 늘 웃는 얼굴로 경기에 임했다. 다만 득점만 부재했을 뿐. 그가 골망을 주기적으로 흔들기 시작하자 소셜미디어는 "The Son is shining", "Come on my Son"("힘내"라는 뜻으로 축구에서 많이 쓰는 관용구), "Here comes the Son"(비틀즈 노래 인용) 등 그의 이름을 활용한 다양한 문구로 가득 찼다. 이렇게 팬들은 쏘니에게 흠뻑 빠지게 되었다.

팬들은 손흥민을 좋아하지 않을 수 없었을 것이다. 그도 그럴 것이 그의 유머 감각과 스포츠정신은 매력적이기 때문이다. 득점 후 꼭 델레 알리와 가장 먼저 나누는 핸드 쉐이크와 각 팀 동료들과 제각기 맞춘 골 셀레브레이션, 유니폼의 코크럴 엠블럼을 가리키거나 팬들에게 마음을 나타내는 손하트 세레머니는 팬들의 마음을 사로잡기에 충분했다.

이미 다양한 문화와 인종으로 구성된 토트넘 서포터에 이제 한국인들도 추가되었다. 경기장에서 자랑스럽게 태극기를 흔드는 한국 팬들은 수천 마일을 건너 경기를 보기 위해 온다. 그뿐만 아니라 런던의 남서쪽에 있는 뉴 몰든 지역에 주로 거주하는 1만 2천 명의 한인들 또한 함께한다. "미스터 손"은 그들에게 자랑스러운 존재이자 어린 세대들에게 영감을 불어 넣어주는 존재가 되었다.

기존의 토트넘 팬들도 한국 팬들을 반갑게 맞아주었다. 그들은 한국 팬들과 셀카를 찍거나, 축구뿐 아니라 한국 음식, 케이팝 이외 한류 등 한국 자체에 관심을 보이기도 한다. 물론 한국 국가대표팀도 빼놓지 않았다. 2018 월드컵에서 쏘니의 골이 독일을 누르자 함께 기뻐하고 아시안게임 금메달도 함께 축하했다. (쏘니의 병역문제가 해결되어서 팀에 더 오래 남아있게 되어서만은 아니다!)

반대쪽 위: 많은 한국팬이 토트넘 소속인 그들의 영웅을 보기 위해 9만 명을 수용 가능한 웸블리 경기장을 찾아 왔다.

반대쪽 아래: 어느 토트넘 경기를 가던 등번호 7번을 자주 볼 수 있다.

아래: 쏘니는 토트넘에 수많은 새로운 팬들을 이끌어 들였다.

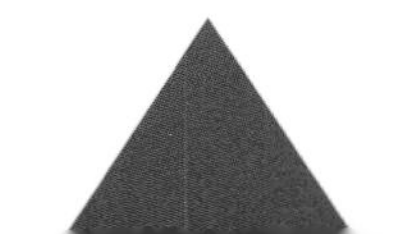

SON
7
SON
7
SON
7

위: 팬들은 손흥민을 좋아하고 손흥민도 팬들을 좋아한다. 쏘니는 토트넘 팬들과 환상적인 관계를 유지하고 있다.

반대: 홈, 어웨이 경기 상관없이 손흥민을 응원하는 팬들을 늘 볼 수 있다.

나이스 원 쏘니!

토트넘의 팬들만이 손흥민에 빠진 것은 아니다. 그가 경기에 쏟는 열정, 따뜻한 심성 그리고 유머 감각은 영국 축구 팬들 모두의 마음을 사로잡았다.

토트넘 팬들에게 있어 2018/19 시즌은 손흥민이 슈퍼스타로 도약하던 때로 꼽는다. 그는 토트넘 새 구장에서 첫 골의 주인공이었고, 영원한 라이벌인 아스날을 상대로 처음으로 쐐기골을 넣어 순식간에 영웅이 되었으며, 도르트문트전과 맨체스터 시티전에서의 득점은 클럽 역사상 최초로 챔피언스리그 결승전에 올라가는데 큰 일조를 했다. 손흥민이 첼시전에서 단독 질주 후 넣은 골이 서포터가 뽑은 올해의 골에 선정되고 올해의 선수상을 받은 어쩌면 당연한 결과였다.

토트넘 팬들뿐만 아니라 영국 축구계가 그에게 빠지게 되었다. 그의 타고난 스포츠성과 함께 환한 미소와 경기 후 인터뷰에서 보여주는 겸손함은 그의 엄청난 플레이만큼 주목받는다. 그의 빠른 영어 습득과 독특한 한국어와 독일어 악센트마저 좋아하며, 라이벌 팀의 팬들, 특히 꾸준히 그의 영입을 바라는 리버풀 서포터들 또한 그를 상대팀 선수들 중 가장 좋아하는 선수로 뽑곤 한다.

손흥민의 인스타그램이나 다른 소셜 미디어를 보면 팬들은 토트넘이 그에게 얼마나 큰 의미가 있는지 느낄 수 있었다. 그가 왓포드전이나 챔피언스리그에서 유벤투스에게 패한 뒤 괴로워하고 눈물을 보이는 영상을 통해 팬들과 동일한 감정을 느끼고 있다는 것을 보여줬다.

물론 손흥민에겐 유쾌한 면도 있다. 새 경기장 투어를 하고 있는 팬들에게 갑자기 나타나 놀래키기도 하고 알리를 한국어로 놀리거나 싱가포르 프리 시즌 훈련에서 관중 난입인 척 토트넘 스태프에게 장난을 치는 모습 모두 그의 밝은 면을 보여주는 예이다. 2019년, 승리 후 경기장을 돌면서 동료들의 자녀들을 잘 놀아주는 모습으로 "엉클 손"이라는 별명이 붙었다. 이 모습은 온라인에 퍼졌고 트위터는 "축구계에서 가장 나이스한 남자"라는 타이틀을 달았다.

"SON"과 등번호 7번이 새겨진 유니폼은 이제 경기 당일 경기장 주변 어디서든 볼 수 있다. 토트넘 홈팬 응원석에선 그를 위한 "Nice one Sonny, Nice one Son, Nice one Sonny, let's have another one!(1970년대 토트넘 전설인 시릴 놀즈를 향해 부르던 응원가이다.)"라는 내용의 응원가가 울려 퍼지고, 태극기는 경기마다 펄럭인다. 토트넘에 입단한 지 5년, 손흥민은 팬들이 가장 좋아하는 선수이자 클럽의 레전드로 거듭나게 되었다.

세계의 무대로

2018 러시아 월드컵이 다가오자 손흥민은 부담감을 느끼기 시작했다. 그는 대한민국 국가대표팀에서 스타 플레이어였지만 아직 팀에 승리의 영광을 가져다주지 못했기 때문이다.

2016년 올림픽에서 손흥민의 골은 한국이 8강 진출하는데 결정적인 역할을 하였으나 온두라스전의 패배에 대해 그도 어느 정도의 책임을 떠안았다. 2018년 러시아 월드컵에서 쉽지 않은 조에 속했지만 사람들은 그가 월드컵에서 큰 활약을 해주길 기대했다. 그러나 시작은 좋지 않았다.

한국은 스웨덴에 패배하고 다음 경기에서 멕시코에 2점차로 뒤지게 되자 손흥민은 쉴새 없이 공을 쫓아다녔다. 추가시간이 주어지고 마침내 페널티 구역 끝에 있던 손흥민이 골포스트 구석으로 빨려 들어가는 강렬한 드롭 슛을 넣었다. 엄청난 골이었지만 패배로 조별 예선 탈락이 유력해졌다. 손흥민은 슬픔을 감추지 못했고, 경기 관람을 왔던 대한민국 문재인 대통령 앞에서 눈물을 흘리고 말았다.

마지막 조별 예선 독일과의 경기에서 대한민국은 처음 국가대표팀 주장을 맡은 손흥민과 함께 용감히 버텨냈다. 92분 손흥민의 코너킥을 김영권이 골망 위로 정확히 차며 득점에 성공했다. 급해진 독일은 노이어 골키퍼까지 모두가 공격에 가담하였지만 공을 따내지 못했다. 공은 독일 진영까지 패스가 되었고 손흥민은 달려가 빈 골대에 공을 밀어 넣었다. 한국의 팬들은 월드컵 디펜딩 챔피언을 꺾은 국가대표팀의 경기를 "카잔의 기적"이라 부르며 열광하고 기쁨을 함께했다. 경기 후 손흥민은 다른 때보다 더 많은 눈물을 쏟아냈지만, 이번엔 기쁨의 눈물이었다.

2개월 후 손흥민은 아시안게임의 와일드카드로 국가대표팀에 선발되었다. 사실 차출이 필수는 아니었음에도 토트넘은 손흥민의 이전 팀과는 다르게 그의 아시안게임행을 허락해줬다. 너그러운 결정이었지만 클럽의 입장에서 어떻게 보면 도박이기도 했다. 손흥민은 리그 3경기를 빠지게 되지만 한국이 대회에서 우승하면 막 5년 재계약을 마친 손흥민은 2년간의 병역문제를 면제받을 수 있었기 때문이다.

그 도박은 성공했다. 손흥민의 첫 경기였던 키르기스스탄전에서 엄청난 발리슛을 시작으로 한국이 결승전까지 가는 길에 토트넘팬들은 붉은 악마가 되어 한국을 응원했다. 런던의 많은 팬들은 연장전까지 치달은 일본과의 결승전 또한 함께했다. 93분 손흥민이 페널티 진영으로 뚫고 들어가며 슈팅을 하려는 찰나 이승우가 들어와 강한 슛을 날리며 골을 선사했다. 이로써 손흥민은 유럽에서의 축구 생활을 계속 이어나갈 수 있게 되었고, 더불어 그에겐 국민에게 우승을 선물해줬다는 점이 그 무엇보다 중요했다.

반대쪽 위: 2018 아시안게임에서 일본은 2-1로 물리치고 금메달을 따낸 후 기뻐하는 손흥민

반대쪽 아래: 월드컵에서 독일을 상대로 골을 넣고 환호하는 모습, 월드컵 멕시코전에서의 플레이

"손흥민은 유럽에서의 축구 생활을 이어나갈 수 있게 되었는데 사실 그에겐 무엇보다 마침내 국민들에게 우승을 선물해줬다는 점이 더욱 중요했다."

H M SON

주목해야 할 선수

프리미어리그의 탑 클럽들은 손흥민이 얼마나 위협적인 선수인지 이미 모두 알고 있으며 그의 실력은 그가 세계에서 터프한 리그 중 하나인 곳에서 이상적인 선수가 되어감을 증명해주고 있다.

프리미어리그에서 손흥민 이전의 아시안 선수들은 대체적으로 큰 활약을 보이지 못해서 많은 영국팬들은 아시안 선수들이 유니폼 판매를 위해 영입된 것이 아니냐는 의심을 해왔다. 그러나 손흥민의 독일시절 활약상을 본 토트넘 팬들은 그에 대해 진심으로 큰 기대를 보였다.

이후 수년 동안 손흥민은 그의 팀이 새롭게 발전하는데 도움을 줬고 잊지 못할 순간들을 선물해줬다. 그는 리그에서 살아남을 수 있는 속도와 기술, 득점을 향한 눈, 그리고 잉글랜드에서 가장 중요한 피지컬까지 갖추고 있었다. 또한 토트넘에서 중요한 부분은 그의 다재다능함이었다. 양쪽 윙에서 플레이가 가능할 뿐만 아니라 세컨드 스트라이커로서 해리 케인이 부상을 당했을 때 전방을 이끄는 능력까지 가지고 있었다.

리그에서 손흥민만큼 빠른 선수는 얼마 되지 않는다. 맨체스터 시티의 스털링이나 리버풀의 살라와 같이 그는 공을 가지고 있을 때나 없을 때나 빠른 속도의 플레이를 보여줬다. 좋은 수비수들은 보통 전방 수비를 하며 컴팩트한 경기를 만들지만, 동시에 뒤에는 공간이 남을 수 밖에 없다. 이런 점은 수비수보다 빠른 공격수들에게 활용될 수 있다. 손흥민은 이를 잘 활용하며 큰 효과를 불러 일으켰는데 특히 2019년 레스터 시티전과 번리전, 2020년 아스톤 빌라전의 원더골을 보면 알 수 있다.

그의 드리블 실력 또한 잉글랜드에서 늘 손에 꼽힌다. 2019 올해의 선수상을 받은 리버풀의 반다이크는 가장 어려운 상대로 손흥민을 언급하며 "그는 수비수들에게 지옥을 맛보게 한다."라고 말했다. 어떤 상황이건 그의 정교한 컨트롤과 스텝오버, 순간가속때문에 손흥민을 막기란 쉽지 않다.

양발을 자유자재로 쓸 수 있는 선수는 탑 리그에서도 드물다. 아스날의 미드필더 산티 카솔라, 맨체스터 시티의 일카이 권도안, 팀 동료였던 크리스티안 에릭센이 양발잡이로서 찬사를 받아왔는데, 포워드인 손흥민은 어느 측면에서든 양발로 슛을 날렸다. 토트넘에서의 그의 골 기록을 보면 왼발, 오른발 거의 반반이었다는 것을 알 수 있다.

손흥민의 슈팅 능력은 그의 프리미어리그 커리어에서 이미 증명되었다. 그가 선호하는 움직임은 측면으로 파고들어 가거나 페널티 구역 코너에서 감아차기로 넣는 것이지만 허리를 덜 사용하며 낮게 깔아 차는 슈팅으로도 많은 득점을 기록하기도 했는데, 2018 시즌 웸블리에서의 웨스트햄전 골이 대표적이다.

반대쪽: 어느 거리나 각도에서 슛을 하겠다는 자세는 손흥민의 경기 플레이에서 보이는 특징 중 하나이다.

우: 손흥민이 순간 공을 치고 달려나가는 것을 마주하고 싶은 수비수는 없을 것이다.

역사를 만들어가는 손흥민

토트넘에서 손흥민의 실력은 점점 발전했고 새로운 홈구장이 개장하자 토트넘 7번은 곧바로 새 집에 적응을 한다.

월드컵에 이어 아시안 게임의 승리까지 이뤄낸 손흥민이 2018/19 시즌에 다시 적응하는데 시간이 조금 걸릴 것은 어쩌면 당연한 일이었다. 그러나 금세 적응을 마친 손흥민은 10월 말 그의 토트넘 150번째 출장 경기였던 웨스트햄전에서 두 골을 몰아넣었다. 그를 막을 자는 아무도 없었다.

11월 손흥민이 첼시전에서 하프라인부터 어마어마한 질주 후 날린 슈팅은 프리미어리그 이달의 골에 선정되었고 이후 크리스마스 전까지 7골을 넣으며 토트넘은 6개 경기에서 승리를 하게 된다. 이 중 영원한 라이벌인 아스날 원정 경기에서 아름다운 골을 넣으며 승리에 일조를 한 경기는 팬들의 마음을 완벽히 사로잡았다.

새해가 되고 골 제조기 해리 케인이 심각한 부상을 당하자 토트넘은 새로운 수호자가 필요했다. 예상대로 손흥민이 그 자리를 대신했고 왓포드전, 뉴캐슬전 그리고 레스터시티전에서 핵심적인 골을 넣으며 팀의 리그 선두를 지켜나갔다. 놀랍게도 케인이 돌아오자마자 팀의 폼이 떨어지면서 일각에선 케인과 손흥민이 동시에 나란히 플레이 할 수 있는지, 더 나아가 손흥민이 잉글랜드 대표팀의 주장보다 더 유능한 중앙 스트라이커가 아닌가 하는 의문을 가지게 되었다.

2019년 3월, 토트넘 홋스퍼 신규 구장이 완성되며 토트넘은 마침내 웸블리를 떠나게 된다. 6만 명 이상 수용이 가능하고 최첨단 시설을 갖춘 구장은 세계에서 가장 좋은 경기장이

반대쪽: 새로 개장한 토트넘 홋스퍼 경기장의 멋진 외관

위: 역사를 만들다. 손흥민이 새로운 경기장의 첫 득점 후 환호하고 있다.

아래: 2018년 7월, 손흥민은 5년 재계약을 하며 2023년까지 토트넘에 몸담게 되었다.

라는 호평을 받기도 했다. 토트넘은 새로운 홈에서 첫 상대로 크리스탈 팰리스를 맞이하게 되었다. 아슬아슬한 55분이 흐르고 손흥민은 페널티 구역 끝을 넘나들며 틈새를 노려 팰리스의 골문을 향해 낮게 공을 찼다. 새 구장에서의 첫 골이었고 이렇게 그는 토트넘 홋스퍼 역사에 이름을 올리게 되었다.

손흥민은 이제 프리미어리그에서 최고의 선수 중 하나로 꼽히고 있다. 그의 빠른 스피드나 기술, 득점 능력뿐만 아니라 그의 차분하고 사려 깊은 모습들이 높이 평가되었다. 그는 알려진 것보다 더 성숙한 플레이어였고, 부상을 당한 케인 없이 챔피언스리그에서 새로운 발걸음을 내디딜 때도 진정한 리더십을 보여줬다. 첼시를 상대로 한 골은 클럽의 올해의 골에 뽑히고 서포터들이 뽑은 올해의 플레이어로 선정된 손흥민이지만, 그의 인생에서 가장 큰 경기에 다가갈수록 이런 모든 상을 챔피언스리그 우승 메달로 바꾸고 싶을 만큼 우승을 갈망하고 있었다.

BERNARDO
20
SON
7
DE BRUYNE
17

AIA

AIA

AIA

챔피언스리그

기쁨과 좌절

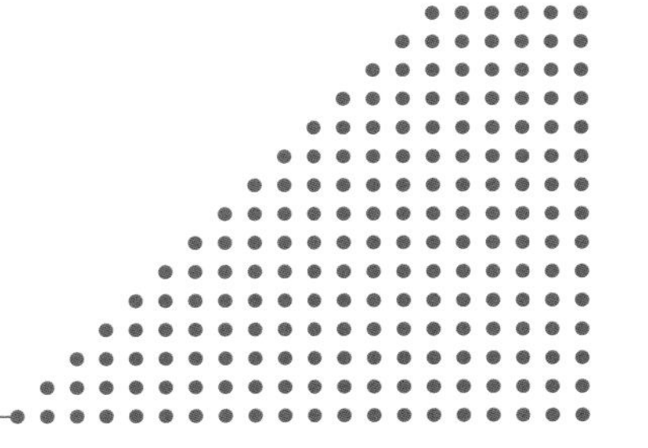

토트넘 홋스퍼와 손흥민이 2019 챔피언스리그 결승으로 가는 여정은 조마조마한 상황 속에서 스릴 넘치는 롤러코스터와 같은 도전이었다.

토트넘은 2018/19 챔피언스리그 조별 예선 3경기 동안 승점을 단 1점만 획득하며 하위권에 머물렀다. 그러나 팀은 곧 기세를 회복하며 바르셀로나와 1-1로 비기고, 조별 예선을 통과하게 되었다. 다가올 미래에 비해선 이것은 아주 작은 기적에 불과했다.

16강전에선 익숙한 상대 보루시아 도르트문트를 만나게 되었는데 토트넘에는 "양봉업자"가 이를 기다리고 있었다. 가디언 일간지는 손흥민의 "상대를 위험에 빠뜨리는 능력과 자유롭게 경기장을 사용할 줄 아는 플레이, 지치지 않는 체력"을 극찬했다. 후반전이 시작하자마자 그는 얀 베르통언의 크로스를 받아 발리슛을 성공시켰다. 토트넘은 주도권을 잡아가고 3-0으로 우승하며 8강 진출이 가능해 보였다.

맨체스터 시티와의 8강 1, 2차전은 대조적인 양상을 보였다. 1차전은 시종일관 팽팽한 경기로 진행되었으나 손흥민의 멋진 골로 인해 두 팀의 희비가 교차했다. 2차전은 혼돈과 짜릿함이 공존한 경기였다. 손흥민은 같은 위치에서 낮은 슛과 오른쪽 코너로 빨려 들어가는 슛으로 3분 동안 총 2골을 몰아넣었다. 토트넘은 전반 10분 만에 3-1로 경기를 이끌어나갔지만, 맨시티가 금세 3골을 넣으며 쫓아와 승패가 결정되는 듯 보였다. 그러나 맨시티의 기쁨도 잠시, 골이 VAR 판독으로 인해 취소되었고, 원정 다득점 원칙에 따라 토트넘이 4강에 진출하게 되었다.

경기 후 TV 인터뷰에서야 손흥민은 옐로카드 누적으로 4강 1차전에 출전하지 못하는 것을 알게 되었다. 엎친 데 덮친 격으로 케인이 부상을 당하게 되며 토트넘은 1차전 아약스에게 압도당했지만, 와중에 좋은 소식은 암스테르담에서 1골만 만회하면 된다는 점이었다. 손흥민의 복귀는 토트넘에 희망을 안겨주었는데 특히 손흥민이 전반 초부터 골대를 맞추는 등 좋은 활약을 보여주었지만, 전반에만 2골을 내어주며 아약스에 끌려가게 되었다. 토트넘 팬들은 또 다른 기적을 바랐고 루카스 모우라가 추가시간 96분까지 헤트트릭을 기록하며 팬들의 꿈을 이루어주었고 팀을 챔피언스리그 결승전에 승선시켰다.

손흥민은 리버풀과의 결승전에서 2-0으로 패배했지만, 토트넘에서 최고의 선수였다. 전반 2분 팀이 아쉽게 페널티킥 실점을 허용한 뒤 손흥민은 리버풀의 수비를 뚫으며 중거리 슛을 날리는 등 활약을 보였지만 큰 수확은 없었다. 2골 차로 패하며 준우승에 그친 뒤 손흥민은 낙담했다. "매일 그 장면이 떠오른다. 리버풀 선수들은 환호하고 우리는 그냥 서서 땅만 보다 리버풀 쪽을 다시 바라보는 거다. 정말 고통스러운 기억이다."라고 그가 후에 털어놓았다.

반대쪽 위부터 시계 방향으로: 에티하드 스타디움에서 열린 챔피언스리그 8강전 맨체스터 시티와의 경기에서 손흥민은 전반 7분 동점골을 만들어 냈다. 아약스를 꺾고 챔피언스리그 결승에 진출하게 되어 기쁨을 나누는 손흥민과 동료들. 결승전이 열린 마드리드에서 선발로 나온 손흥민과 동료들. 코앞에서 놓친 챔피언스리그 우승 트로피를 지나며 낙담하고 있다.

팀 플레이어

손흥민은 본인이 팀의 일원이라는 점을 절대 잊지 않는다. 그와 동료들은 수비를 돕거나 공간을 만들어주고 또 다른 선수에게 찬스를 만들어주는 등 서로를 믿고 의지하는 모습을 충분히 보여주고 있다.

손흥민은 대단한 개인 능력만큼이나 놀라운 팀플레이 능력을 갖추고 있다. 함부르크, 레버쿠젠, 토트넘 그리고 대한민국 국가대표팀에서 수많은 감독과 코치를 거치며 그는 수비 집중, 역공, 전면 공격 등 다양한 시스템에서 경기를 해왔다. 때때로 그에게 자유로운 포지션이 주어질 때도 있었지만 그는 대체로 팀의 움직임에 함께하며 주어진 임무에 집중하는 편이다.

미드필드와의 연결은 그의 플레이에 있어 중요한 파트 중 하나이다. 포체티노 감독의 토트넘에서 손흥민은 아래 진영까지 내려가 수비를 돕고 미드필드로 다시 올라와서 빠른 패스를 통해 역공하는 플레이를 보여줬다. 그런 다음 경기장을 폭넓게 활용하며 공격을 해나가 페널티 에어리어 끝에서 알리나 에릭센에게 공을 주는 역할을 하곤 했다.

에릭센이나 로 셀로처럼 재치 있고 통찰력 있는 패스를 주며 독창적인 플레이를 하는 선수들과 경기를 뛴 쏘니는 그들의 마음을 잘 알고 있어야 해 늘 촉각을 세웠다. 순식간에 수비수보다 1m 앞에 공이 떨어질 수도 있기 때문이다. 토트넘의 수비수인 토비 알더베이럴트와 에릭 다이어는 40m 이상 정확한 중거리 패스로 공간을 만들어 주며 쏘니가 치고 나갈 수 있는 플레이도 보였다.

토트넘에서 골을 만들어내는데 손흥민보다 조금 더 간결하고 정확도를 가진 유일한 선수는 해리 케인이라고 볼 수 있는데, 이 둘은 서로에게 공간이나 기회를 만들어 주며 위협적인 공격을 끌어내기도 한다. 손흥민과 해리 케인은 함께 리그에서 100골을 넣으며 경기당 평균 1.3골을 기록할 만큼 프리미어리그에서 가장 골을 많이 넣는 파트너로 꼽힌다.

현대적인 축구에서는 공격수 또한 적극적인 수비 가담이 필요하다. 거의 모든 경기에서 손흥민이 수비진영으로 잽싸게 내려오거나 벤 데이비스나 서지 오리에와 함께 상대 윙어들을 압박하는 모습을 쉽게 볼 수 있는 것처럼 말이다. 심지

"손흥민과 해리 케인은 서로에게 공간이나 기회를 만들어주며 위협적인 공격을 끌어낸다. 이 둘은 리그에서 100골을 몰아넣으며 한 경기 평균 1.3골을 기록할 만큼 프리미어리그에서 가장 골을 많이 넣는 파트너로 꼽힌다."

어 상대가 코너킥이나 위험한 지역에서 프리킥을 찰 때, 손흥민은 페널티 진영에 나타나 떨어지는 볼을 가장 먼저 낚아채 역공을 하는 광경도 종종 보인다.

2018 월드컵부터 손흥민은 국가대표팀에서 주장 완장을 차기 시작했다. 그는 어린 선수들에게 귀감이 되는 리더 역할을 톡톡히 해내며 대외적인 일들도 스스로 도맡아서 하는 주장이였다. 특히나 2019년 역사적인 북한과의 월드컵 예선 원정경기에서 팀을 이끄는 모습에서 그의 빛나는 리더십을 볼 수 있었다. 토트넘에선 아직 주장의 기회는 없지만, 팀 동료들과 적극적으로 커뮤니케이션을 이끌어 나가며 주장을 충분히 해낼 수 있는 모습을 보여주고 있다.

위: 손흥민은 국가대표 주장을 영광스럽게 생각하며 책임을 다한다.

반대쪽 좌: 손흥민은 해리 케인과 함께 막강한 파트너십을 보여준다.

반대쪽 우: 손흥민은 팀이 새롭게 영입한 지오바니 로셀로가 대단한 시야와 스킬을 가진 선수임을 금세 알아차렸다.

최고의 골 모음 3

경기장이나 경기에 상관없이 손흥민의 경기에 대한 직관적인 이해도, 화려한 스킬 그리고 엄청난 스피드는 놀라운 골들을 만들어냈고 보는 이로 하여금 탄성을 자아내게 했다.

토트넘 홋스퍼 vs. 보루시아 도르트문트

2017년 9월 13일, 챔피언스리그 조별 예선

손흥민의 예술같은 골로 장식된 토트넘의 득점은 토트넘 진영 깊숙이 있던 다빈손 산체스가 손흥민에게 볼을 띄우면서 시작되었다. 손흥민은 에릭센에게 다시 공을 돌렸고 위쪽으로 올린 공은 케인에게 떨어졌다. 왼쪽 윙에 있던 손흥민은 볼을 받아 수비수 소크라티스를 왼쪽으로 살짝 제쳤다. 순간 골문에서 너무 멀어지는 듯 보였지만 그는 쉽지 않은 각도에서 골망 위를 향해 강하게 찼다.

대한민국 vs. 독일

2018년 6월 27일, 2018 월드컵

뒤늦게 대한민국의 선제골이 터지자, 급해진 독일은 골키퍼 노이어까지 공격에 가담하며 월드컵 희망을 져버리지 않으려 했다. 그러나 하프라인으로 올라온 노이어가 갖고 있던 볼을 주세종이 빼앗아 바로 공격 진영으로 공을 올렸다.
독일 진영 부근에 있던 손흥민은 공을 받자마자 달리기 시작했다. 독일 수비수들은 그를 따라잡지 못했고, 과연 손흥민은 가속이 붙은 공을 끝까지 놓치지 않을 수 있었을까? 상상을 현실로 만든 그는 속도를 더욱 폭발시키며 누구보다 골문에 먼저 도착해 가볍게 볼을 차 넣었다.

토트넘 홋스퍼 vs. 맨체스터 시티

2019년 4월 9일, 챔피언스리그 8강

경기 초반 아구에로의 PK를 선방한 요리스 골키퍼 덕분에 손흥민의 골이 토트넘의 새 홈 경기장에서의 첫 유럽대항전 득점으로 기록될 수 있었다. 맨시티의 터치라인에 아슬아슬하게 걸친 볼을 손흥민이 가까스로 인필드 안으로 잡아낸 뒤 페널티 박스를 돌아 수비수를 제쳤다. 토트넘의 영웅 손흥민은 그대로 강슛을 날려 팀에 중대한 골을 만들어 냈다.

토트넘 홋스퍼 vs. 번리

2019년 12월 7일, 프리미어리그

팬들이 뽑은 토트넘의 "2010년대 최고의 골"은 세계를 놀라게 했던 손흥민의 70m 단독 드리블 후 넣은 원더골로 선정되었다.

토트넘의 페널티 구역에서 베르통언이 걷어낸 볼을 낚아챈 손흥민은 패스할 곳을 잠시 살펴보았다. 번리 선수들이 공을 향해 달려들자, 그는 계획을 바꿔 하프라인까지 단독으로 돌파해 나갔다. 전력으로 내달리는 손흥민은 쫓아오는 상대 5명의 선수와 마지막 수비수까지 제친 뒤, 쐐기골을 찼고 그대로 골키퍼를 지나 골망을 갈랐다. 가히 엄청난 골이었다.

숫자로 보는 손흥민

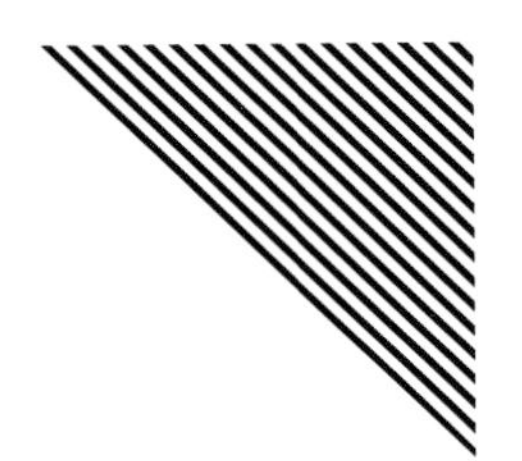

토트넘에서 손흥민의 실력은 점점 발전했고 새로운 홈구장이 개장하자 토트넘 7번은 곧바로 새 집에 적응을 한다.

7

손흥민의 현재 등번호이다. 레버쿠젠에서부터 7번을 사용해왔던 그는 아론 레논이 사용하던 토트넘의 7번을 물려받았다.

11

"양봉업자"라는 별명을 얻은 손흥민이 보루시아 도르트문트와 총 11경기를 치루며 넣은 득점 수이다.

반대쪽: 손흥민은 레드 스타 베오그라드를 상대로 득점에 성공하며 챔피언스리그 기록을 이어나갔다.

위: 손흥민이 리버풀의 수비수들을 제치고 달려나가고 있다.

19

현재까지 쏘니의 챔피언스리그 득점 기록이다. 그는 챔피언스리그 아시아 선수 역대 최다골을 기록하고 있으며 토트넘의 유럽대항전 역대 득점순위 4위를 지키고 있다.

22

2019년 세계 최고 선수에게 주어지는 발롱도르에서 손흥민은 22위를 차지했다.

83

손흥민이 토트넘에서 220경기를 소화하며 터트린 득점 수이다.

51

프리미어리그 득점 수. 2020년 2월 그는 아시아 선수 최초로 잉글랜드 리그에서 50골을 기록한 선수가 되었다.

30 million

2015년 8월 손흥민이 레버쿠젠에서 토트넘으로 이적하며 발생한 이적료를 유로로 환산. 이로써 그는 아시아 선수 중 가장 비싼 몸값의 선수가 되었다.

75

2019년 번리와의 경기에서 쏘니는 12초 만에 75m를 드리블하며 질주 후 득점에 성공했는데, 이 골은 스카이스포츠가 뽑은 프리미어리그 역사상 최고의 골로 선정되었다.

81 million

2020년 1월, 국제스포츠연구소(The International Centre for Sports Studies)의 발표에 따르면 손흥민의 시장가치는 8천 1백만 유로로 평가받았다.

런던의 한국인

손흥민은 새 언어를 배우며 열광적인 서포터들이 만드는 독특한 분위기를 함께 즐기고, 미디어에 적극적으로 참여하면서 영국 문화에 쉽게 동화해갔다.

햄스테드는 런던에서 가장 부유한 지역 중 하나이다. 도시 중심과 인접한 이 지역의 오래되고 좁은 길목은 부티크 샵들로 가득 차 있을 정도이다. 금융인과 연예인뿐만 아니라 경기장과 훈련장이 가까워 토트넘(그리고 아스날) 선수들이 주로 거주하고 있다. 나무가 많은 교외 지역인 바넷에 거주하고 있던 쏘니도 2019년 이곳으로 이사했다. 손흥민은 개인 영화관, 수영장, 피트니스센터까지 갖춰진 넓은 아파트에 거주하고 있으며, 축구에만 집중할 수 있도록 아버지, 어머니와 함께 살고 있다. (그는 은퇴하기 전까지 결혼 계획이 없다고 밝혔다.) 그는 휴식기에 골프 코스에서 시간을 보내는 팀 동료들과는 달리 주로 로컬 학교, 병원 등에서 지역 봉사활동을 하거나 개인적인 관심사에 시간을 쏟는다.

그가 다른 팀 동료들과 공유하는 값비싼 취미 중 하나는 럭셔리카에 대한 관심이다. 그는 희귀 모델인 페라리의 블랙 라페라리(토트넘은 페라리의 고유 컬러인 빨간색은 숙적인 아스널을 대표하는 색이기 때문에 손흥민이 살 수 없을 것이라고 했다!), 아우디 R8, 마세라티 레반테, 그리고 축구선수들 사이에서 인기 많은 레인지로버 스포츠와 벤틀리 컨티넨탈 GT까지 총 150만 파운드에 달하는 자동차를 보유하고 있다.

토트넘 동료들은 손흥민에게 힙합과 알앤비 음악을 소개시켜준 탓에 크리스 브라운과 드레이크, 퓨쳐의 팬이 되기도 했다. 손흥민은 사실 한국의 힙합 아티스트인 크러쉬와도 친분이 있고, 한국 배우들을 위한 목소리를 내기도 한다. 런던의 밤 문화를 즐기진 않지만, 런던에서 블락비 콘서트를 관람하는 등 엔터테인먼트에도 관심이 많다. 방탄소년단(BTS)이 웸블리 경기장에서 공연을 했을 때 손흥민과 수많은 토트넘 팬들은 BTS멤버 RM이 "SON"이 새겨진 공식 토트넘 MD 모자를 쓰고 나온 모습을 보고 즐거워하기도 했다.

그는 런던 생활을 즐기지만 음식에 있어서는 서양 음식보단 한식을 선호하며 (특히 어머니의 음식!) 런던 중심부에 위치한 유명 한식당 "올레"에 자주 방문하기도 한다. 심지어 팀 동료들에게 한식을 선보인 적도 있다. 토트넘에 입단하고 모든 선수들에게 한국식 바비큐(갈비), 해물전 및 여러 한국 전통 음식을 대접했었다. 손흥민은 그의 남다른 애국심을 많은 인터뷰에서 나타내기도 하고 경기장에서도 보인다. 경기 종료 후 꼭 한국 팬들을 찾아가 유니폼을 선물하는 모습에서 그가 얼마나 한국을 생각하고 있는지 알 수 있다.

위: 손흥민은 클럽이 주최하는 토트넘 팬들과의 만남에서도 항상 즐겁게 시간을 보낸다.

반대쪽 위: 런던의 올레 레스토랑. 한국 음식으로 유명한 곳으로 손흥민이 좋아하는 식당 중 하나이다.

반대쪽 아래: 쏘니가 카메라를 싫어한다고? 늘 멈춰서 팬들과 사진을 찍어준다!

COOLED BEERS

KOREAN
AMERICAN
ASSOCIATIO
OF MN

중단된 시즌

커리어상 최고의 퍼포먼스를 보여주며 승승장구하던 손흥민은 출장 정지와 부상, 그리고 전 세계를 강타한 전염병으로 2019/20 시즌을 잠시 중단하게 된다.

시즌이 시작되고 챔피언스리그의 패배 분위기가 토트넘에 감돌았다. 팀은 좋은 경기력을 도통 찾아가지 못하고 바이에른 뮌헨에 7-2로 대패를 당하고 말았다. 5년간 팀을 맡으며 쏘니를 영입하고 키워낸 마우리시오 포체티노의 감독자리는 결국 조제 무리뉴에게 넘어갔다.

손흥민은 시즌 초 리그 경기 2골을 기록하며 팀에 첫 승을 가져다 주었고, 크리스탈 팰리스전에선 MOM으로 선정, 챔피언스리그 조별 예선 레드 스타 베오그라드를 상대로 5-0 대승을 거두는데 일조했을 만큼 실망시키는 모습은 보여주지 않았다. 그러나 11월 에버튼전에서 일어난 사건으로 인해 일부 사람들은 그가 여태까지 알려진 것처럼 가장 정직하고 우수한 스포츠정신을 가지고 있는 선수라는 평판이 옳았는지 의심하기 시작했다.

그가 에버튼 선수인 안드레 고메즈에게 범한 태클로 고메즈 선수는 발목 골절이 일어났고 손흥민은 결국 퇴장 당하게 되었다. 많은 사람들은 그를 비난했지만 알리는 "그도 큰 충격을 받았다. 알다시피 손흥민은 훌륭한 인성을 가진 사람 중 하나이다. 지금 눈물을 흘리면서 고개도 못 들고 있다."라고 경기 후 인터뷰에서 전하며 손흥민을 감쌌다. 후에 TV 중계 카메라가 고메즈의 부상은 태클 이후에 일어났다는 점을 증명하며 그의 레드카드 판정과 징계가 철회되었지만, 이 사건으로 인해 일부 라이벌 팬에게는 손흥민은 더 이상 "나이스 가이"가 아니었다.

같은 해 11월, 셰필드 유나이티드와의 경기에서 손흥민은 득점포를 올리며 시즌 8호 골을 기록했지만 포체티노 감독을 지키기엔 역부족이었다. 손흥민은 감독이 떠나는 것에 대해 유감을 표하며 안타까운 마음을 보였지만 이내 무리뉴의 새로운 시스템에 적응하며 번리전 원더골 등 좋은 활약을 계속

해서 보여줬다. 더 타임즈 일간지는 손흥민을 "쉽지 않은 상대를 무너트릴 때 활용하기 좋은 선수"라고 묘사했다. 파울하는 모습을 계속 보여주곤 했는데, 첼시전에서 안토니오 뤼디거에게 보복성 파울로 레드카드를 받아 퇴장당하며 또다시 좋지 않은 모습을 보여주게 되었다.

해리 케인이 햄스트링 부상으로 결장이 이어지자, 토트넘은 손흥민을 메인 스트라이커로서 기용하기 시작했다. 그는 노리치시티전과 맨체스터 시티전에서 각각 골을 넣으며 승리를 도왔고, 아스톤 빌라와의 경기에서 2골을 추가하며 시즌 11호 골을 달성할 만큼 자신의 역할을 충실히 해냈다. 그의 잉글랜드 생활에서 가장 최고의 시즌을 보내는 듯 보였으나 아스톤 빌라전 종료 이후 오른쪽 팔 골절 소식이 알려졌다.

토트넘 팬들은 시즌이 끝나기 전 복귀하기를 간절히 바랬지만, 코로나 바이러스가 잉글랜드를 덮치며 3월 리그가 중단되었고 그의 복귀가 무산되었다. 팬들은 대신 한국으로 돌아가 4주 간의 기초 군사훈련으로 짧은 머리의 새로운 손흥민 모습을 즐길 수 있었다.

반대쪽 좌: 챔피언스리그 바이에른 뮌헨전에서 손흥민

반대쪽 우: 부상과 코로나 바이러스로 시즌이 중단되기 전까지 그는 최고의 플레이를 보여줬다.

아래: 토트넘 역대 최다 득점 4위인 손흥민이 레드 스타 베오그라드전에서 득점 후 기뻐하고 있다.

AIA

프리미어리그의 히어로

잉글랜드 진출 5년 만에 손흥민은 그의 이름을 널리 알리며 프리미어리그 선수들과 전문가, 코치들에게 잊을 수 없는 인상을 남겼다.

처음엔 손흥민의 예의 바른 태도와 상대를 위하는 마음, 에너지를 보고 많은 사람이 그를 '전형적인' 아시아 선수라고 일컬었다. 그는 매력적이고 성실하지만 신체적으로 왜소하여 거친 영국 축구에는 어울리지 않을 거라고 예상했다. 그러나 그는 그런 편견들이 틀렸다는 것을 증명했다. 전 세계에서 가장 터프한 리그에서 성공할 수 있는 빠른 플레이, 기량과 체력까지 갖추고 있다는 것을 보여줬다.

리버풀전에서 불꽃 같은 질주와 공격으로 스피드와 에너지를 보여주며 Match of the Day 프로그램에서 '우사인 손'으로 칭하자 언론들이 그를 주목했다. 이내 손흥민이 가진 것이 스피드가 다가 아니라는 것을 알게 되며, 영국 일간지 가디언은 "격렬한 스피드와 위치 선정, 양발을 자유자재로 쓸 수 있는 그의 플레이 스타일을 보면 눈이 즐거워진다."고 보도했다.

과거 프로 선수들은 손흥민 같은 선수를 상대하는 것이 얼마나 어려운지 알고 있었다. 토트넘의 주장이었던 개리 매버트는 "왼발잡이 선수를 마킹할 땐 주로 상대가 약한 오른쪽을 향해 플레이한다. 그러나 손흥민과 같이 양발에 능한 선수 앞에선 꼼짝 못 할 것"이라고 말했다.

"난 최고의 선수들과 플레이도 해보고 상대도 해보았지만, 그중에서도 쏘니는 특별한 선수이다." -얀 베르통언

잉글랜드 국가대표 수비였던 리 딕슨은 손흥민의 위치선정 능력을 꼽으며 "그는 수비수가 가기 힘든 곳까지 침투하기 때문에 어느 수비수라도 그를 상대로 플레이하고 싶지 않을 것이다."라고 말했다. 최고 스트라이커였던 티에리 앙리는 손흥민이 팀 동료들에게 공간을 만들어주는 플레이를 칭찬하며 그를 "너그럽다"고 표현했다.

팀 동료들은 그가 팀에 기여하는 바를 높이 샀다. 알리는 "그는 양발 능력이 뛰어난 대단한 선수이다. 골을 만들어 내는 센스를 가졌으며 무에서 유를 창조해내는 마법 같은 선수이다."라고 언급했다. 또한 해리 윙크스는 "그는 골 이상의 것을 팀에 가져다주는 선수"라고 말하며 그의 운동량과 에너지, 경험을 강조했다.

얀 베르통언은 손흥민의 다재다능함이 그를 돋보이게 한다며 "난 최고의 선수들과 함께 뛰어보기도 했고 상대해보기도 했지만 쏘니는 특별한 선수다."라며 "그는 팀에서 이미 윙백으로 뛰어보았고, 스트라이커, 레프트 윙, 라이트 윙 등 10명 몫을 해낼 수 있는 선수이다."라고 칭찬했다.

그들이 손흥민을 좋아하는 이유는 프로로서 훈련에도 열정적이고 감독과 코치를 잘 따르며 항상 긍정적인 마음가짐을 가지고 있기 때문이다. 그뿐만 아니라 누구와도 잘 지내고 주변인들을 높이 치켜세워주는 성품까지 갖추고 있다. 전 토트넘 감독이었던 팀 셔어우드는 손흥민에 대해 "매일 두고 보고 싶은 청년"이라며 애정을 보였다.

반대쪽: 프리미어리그에서의 손흥민의 퍼포먼스는 많은 전문가, 선수들 심지어 라이벌팀의 팬들 사이에서까지 많은 찬사를 받았다.

수상과 기록

수상

스카이스포츠 프리미어리그 최고의 골 2020

토트넘 홋스퍼 2010년대 최고의 골 2020

발롱도르 후보 2019

UEFA 챔피언스리그 준우승 2018/19

토트넘 홋스퍼 올해의 선수 2018/19

런던 올해의 선수상 2018/19

프리미어리그 이달의 골 2018년 11월, 2019년 12월

프리미어리그 준우승 2017/18

토트넘 홋스퍼 올해의 골 2017/18, 2018/19

PFA 팬이 선정한 프리미어리그 이달의 선수 2018년 1월

프리미어리그 이달의 선수 2016년 9월, 2017년 4월

대한민국 올해의 골 2015, 2016, 2018

AFC 올해의 국제선수상 2015, 2017, 2019

AFC 아시안컵 베스트팀 2015

아시아 최고의 선수 2014, 2015, 2017, 2018, 2019

대한민국 올해의 선수 2013, 2014, 2017, 2019

기록

유럽대항전 아시아 선수 최다 득점 (22)

프리미어리그 아시아 선수 최다 득점 (51)

역대 최고 몸값 아시아 선수 (2,200만 파운드)

토트넘 홋스터 신규 구장 첫 득점자

토트넘 홋스퍼 신규 구장 첫 챔피언스리그 득점자

토트넘 홋스퍼 역대 홈경기 최다 연속 득점자
(5골 – 저메인 데포와 동점)

반대쪽: 손흥민은 2016년과 2017년에 프리미어리그 이달의 선수 상을 수상했다.

위: 2018년 11월 칼링 프리미어리그 이달의 골 수상 기념

쏘니의 목표

이미 많은 길을 걸어온 손흥민이지만 축구 선수의 절정기에 달하는 나이에 가까워질수록 그는 오히려 유명세를 올리며 더욱 더 성공적인 모습을 보여주고 있다.

"한국에선 성공하기 위해 꿈을 크게 가져야 한다고 한다." 쏘니가 포포투(FourFourTwo) 잡지를 통해 이야기한 적이 있다. "모든 축구선수는 발롱도르와 같이 명예로운 상을 받고 싶어 한다. 이는 물론 나의 꿈이기도 하다." 손흥민은 토트넘에서 매년 꾸준히 발전하는 모습을 보여주고 있으며 그가 이뤄가는 곳엔 한계점이 없어 보이기도 한다. 누가 알겠는가? 혹시 그가 아시아 선수 최초로 명예롭고 권위 있는 트로피를 들어낼지.

손흥민은 토트넘의 다른 동료들과 마찬가지로 우승 트로피를 원한다. 프리미어리그와 챔피언스리그 우승을 두고 접전을 벌였던 경험이 있기 때문에 누구보다도 우승의 영광이 눈앞에서 잡힐 듯 할 것이다. 또한 쏘니는 이미 토트넘의 영웅으로 불리곤 하지만, 남아있는 두 시즌에 그가 40골을 추가 달성한다면 토트넘 역사상 리그 최다 득점 3위로 올라설 수 있을 것이고, 연달아 영국의 올해의 선수상 후보에 충분히 오를 기회가 될 것이다.

국가대표팀이 좋은 경기력을 갖도록 하는데에도 큰 희망을 품고 있다. 2018 아시안게임 우승을 바탕으로 쏘니는 2022 카타르 월드컵에서 자랑스러운 국가대표팀을 이끌 것이다. 갈 길은 많이 남았지만, 꾸준히 커리어를 이어나가다 보면 전설 차범근의 국가대표 136경기 출장, 58골 기록에 가까워질 수 있지 않을까.

토트넘의 팬들은 못 들은 체하겠지만 손흥민이 클럽을 떠날 수도 있을 것이라는 루머들이 돌았었다. 리버풀이 지속적인 관심을 보이고, 나폴리와 유벤투스도 눈여겨 보고 있으며 레알 마드리드나 바르셀로나에서도 솔깃할 만한 오퍼를 보냈다는 소문이 있었다. 물론 그의 미래에 무엇이 놓여 있을지 아무도 예상할 수 없다. 하지만, 확실한 건 보는 사람 모두를 흥분시키는 손흥민의 눈부신 기술과 그의 해맑은 미소만은 늘 함께할 것이라는 점이다.

아래: 손흥민은 대선배인 차범근의 대표팀 기록에도 접근하고 있다.
아래: 꿈을 크게 가져라. 언젠가 손흥민이 발롱도르를 수상할 테니.
반대쪽: 쏘니는 토트넘 구장에 우승 트로피를 가져올 수 있기를 바라고 있다.